ZIWO GUANLI

技工院校通用职业素质课程实验教材

自我管理

（修订版）

主　编　张海锋　郑楚云
副主编　龙　莉　王晓敏
参　编　叶　蓉　王泳娣　陈国清　廖秋兰
张斎玉　吴玉云　刘先勇

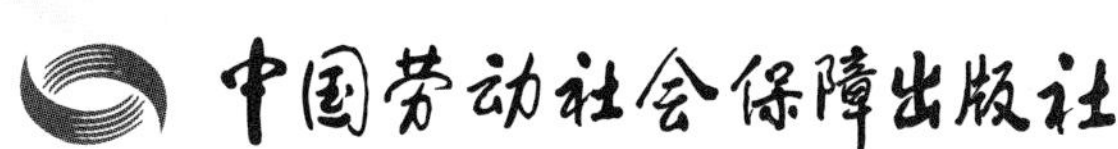

图书在版编目（CIP）数据

自我管理 / 张海锋，郑楚云主编 . -- 2 版（修订本）. -- 北京：中国劳动社会保障出版社，2020

技工院校通用职业素质课程实验教材

ISBN 978-7-5167-4767-4

Ⅰ . ①自… Ⅱ . ①张…②郑… Ⅲ . ①自我管理 - 中等专业学校 - 教材 Ⅳ . ① C912.1

中国版本图书馆 CIP 数据核字（2020）第 214524 号

中国劳动社会保障出版社出版发行

（北京市惠新东街 1 号 邮政编码：100029）

*

北京市白帆印务有限公司印刷装订 新华书店经销

787 毫米 × 1092 毫米 16 开本 10.5 印张 140 千字

2020 年 12 月第 2 版 2022 年 8 月第 9 次印刷

定价：20.00 元

读者服务部电话：（010）64929211/84209101/64921644

营销中心电话：（010）64962347

出版社网址：http://www.class.com.cn

http://jg.class.com.cn

版权专有 侵权必究

如有印装差错，请与本社联系调换：（010）81211666

我社将与版权执法机关配合，大力打击盗印、销售和使用盗版图书活动，敬请广大读者协助举报，经查实将给予举报者奖励。

举报电话：（010）64954652

前言

技能人才是我国人才队伍的重要组成部分，也是实施人才强国战略、就业优先战略和创新驱动发展战略不可或缺的支撑力量。着力培养高素质劳动者和技术技能人才，对于迈入新时代、培育新动能、实现经济社会高质量发展具有十分重要的现实意义。

党中央、国务院高度重视技能人才队伍建设。党的十九大报告提出要建设知识型、技能型、创新型劳动者大军。2018 年国务院下发的《关于推行终身职业技能培训制度的意见》中，明确提出要“强化工匠精神和职业素质培育”。技工院校是培养技能人才的摇篮，加强通用职业素质课程建设，是弘扬劳模精神、劳动精神和工匠精神，促进学生养成良好职业素质的有效途径，更是强化“德技并修、工学结合”育人机制，落实立德树人根本任务，提高技能人才培养质量的重要举措。

通用职业素质是从业人员除岗位所需要的专业知识和技能外，在职业活动中所表现出来的最关键、最核心的综合品质和能力，是从业人员职业理想信念、职业基本意识、通用职业能力、通用职业知识等方面的综合体现。技工院校通用职业素质课程由自我管理、自主学习、理解与表达、交往与合作、信息检索与处理、企业管理与企业文化、就业指导与实训和创业创新指导与实训等模块组成，着重体现职业素质在宏观意识和一般方法上的导向作用，为专业课程中的职业素质融合运用提供方法论基础。通过公共课的系统学习和专业课程的情境应用，从而在学生职业素质培养上形成双管齐下的叠加效应。

本课程以学生终身职业发展为目标，以实用性、有效性和综合性为原则，根据职业发展所需要的各项通用职业素质构建课程体系和内容，以学生为主体进行教学设计并安排教学活动，强化学生通用职业能力的培养。表现出以下几个鲜明特点：

第一，以学生需要为中心。课程内容设置紧密围绕学生在职业素质方面的主观需要和客观必需，帮助学生明确学习目标，确立养成途径，最终适应岗位和适应职业发展。教学活动注重凸显学生的主体地位，通过引领学生自主探究和实践，获得价值体验，在行动中内化观念、意识和知识，逐步掌握方法，增强能力，提升素质。

第二，以职业发展为核心。课程目标设定、模块架构、教学实施和学习评价均指向帮助学生获得更好的职业发展。课程的功能定位是在职业理想信念驱动下的职业基本意识和通用职业知识的综合运用，为学生就业、转岗、创新创业提供支撑，满足学生职业发展的素养要求。

第三，以能力培养为重心。坚持以能力本位、问题导向为原则，课程内容不追求知识体系的完备性，不灌输不必要的概念性、理论性知识，尽量避免生硬的理论阐述。聚焦解决职业活动中的实际问题，将知识传授与能力训练相结合，通过案例分析、任务引领、项目训练等活动教学，重在培养通用职业能力，侧重考察实践过程和结果，引导各项素质培育有机融合，相互促进。

通用职业素质课程是全新的课程，教材也在实验与完善中，希望各地各校在教学实验中总结经验，提出修改和完善的建议。

本课程提供配套线上资源，可登录 http://jg.class.com.cn 观看或下载。

目录

第一单元

自我与角色

知人者智，自知者明。胜人者有力，自胜者强。

——老子

你了解自己吗?

可以马上说出自己的长处短处、爱好特长和性格特点吗?

如果你的回答是："我完全了解。"恭喜你，你已经开启了人生的奔跑模式。

如果你的回答是："我只了解一点点。"祝贺你，你已经找到了奔跑模式的开关。

如果你的回答是："不，我完全不了解自己。"那更要恭喜你，因为下一页就是奔跑秘籍。

第一课　认识真实自我

学习目标

1. 能运用自我观察法和记录法发现自身各方面能力的优势和劣势。
2. 能运用自我观察和自我反省法总结自身性格特点。
3. 能通过他人评价和自我评价的对比，发现自己经常忽略的自身不足和优势。
4. 能全面接纳认识自我的结果，并据此调整自己一段时期的目标和行动。

翻转课堂

本课导读

认识真实自我

- 认识自我的意义——第 5 页
  - 认识自我，发现自身价值
  - 明确目标，找到前进方向
  - 完善自我，全面促进成长
- 认识自我的途径——第 8 页
  - 自我评价
  - 他人评价
- 认识自我后的调整——第 12 页
  - 接纳认识自我的结果
  - 缩小与理想自我的差距

阅读案例，并回答问题。

程刚被老师选中加入篮球队。他受宠若惊，但他觉得自己身高、球技都不够，没资格加入篮球队。老师帮他分析特长，鼓励他去试试。程刚加入篮球队后刻苦训练，充分发挥自己的优势，在校篮球比赛中脱颖而出。

苏辛喜欢唱歌，还拿过奖。老师推荐她参加系部新生文艺汇演节目选拔，但她过度自信，因疏于练习而忘词，结果没选上。她觉得被人否定很丢人，郁郁寡欢。期末，元旦联欢会节目选拔开始后，苏辛下定决心打个翻身仗。于是，她主动找老师选曲、练习。最后，她不但进入了元旦联欢会的演员名单，而且在联欢会上的表演也得到了大家的认可和称赞。

思考：

1. 你有类似程刚或者苏辛的经历吗？你是怎么解决的？

2. 你觉得有什么方法可以更好地了解自己？

一、认识自我的意义

（一）认识自我，发现自身价值

公园里有一个圆球，因为站不稳，常常受到方砖、三角支架的嘲笑。方砖在结实的高墙上喊："我这里不需要你，我可不想墙倒了。"旁边的三角支架也嚷道："站都站不稳，能干什么呢？"

圆球伤心失望地想：我好没用，什么都做不了。这时它看见一群孩子，突然想到了一个好办法。

于是，它变成一个足球，在孩子们的脚下快乐奔跑。

每个人身上都有独特魅力。想要正确认识自我，就要不断发现和发扬自身的独特价值。

正确认识自我能避免自以为是，陷入认知盲区；能客观地看待自身的优势和劣势；并能在成长中发挥优势，扭转劣势，促进自我价值的提升。

正确认识自我能激发自我成长欲望，始终保持学习和反思的状态，不断地给自己提出新的问题，不断发掘自身价值。

正确认识自我是实现个人独特价值的基础，就如只有了解自己是草原上的大象，还是海洋中的鲸鱼，才能在生长过程中找到各自的特点和天赋，从而接纳自我、发现亮点、修正认知偏差，才能获得自尊自信，找到属于自己的精彩，实现自我价值。

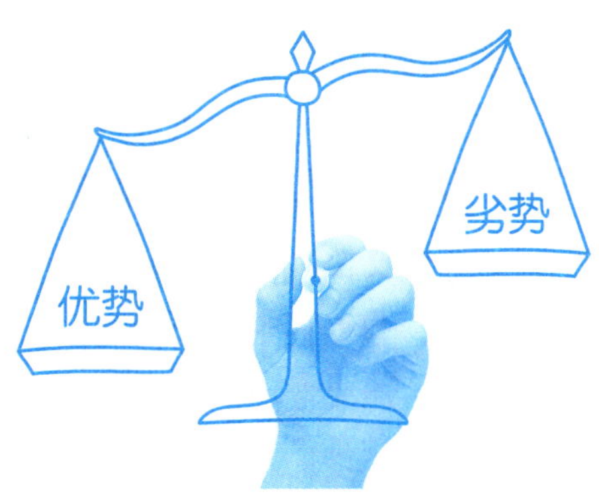

（二）明确目标，找到前进方向

作为一名技工院校新生，面对陌生的专业，一定会思考：“我该树立什么样的目标？我又该如何实现它？”作为一名青年学生，我们一定有很多愿望。我们要思考自己真正想要什么，凭借当前的能力和今后的努力能获得什么。这个思考的过程就是在认识自我。正确认识自我可以帮助我们明确目标，找到前进的方向。

琳琳和方方是好同桌，形影不离。技能节要开始了，她们准备一起参加钢琴比赛。她们还约好每天放学一起练琴，一起变优秀。

一个星期后，琳琳已经学会了新曲子，但方方还很不熟练。方方感觉很挫败，为什么琳琳学得那么快？是不是自己太笨了？舞蹈老师发现方方闷闷不乐，问：“最近怎么了？跳舞的时候都无精打采。”方方把自己的苦恼告诉了老师。舞蹈老师说：“其实你的目标是变得更优秀，这就需要你找准定位。据我观察，你的舞蹈功底很不错，要不要去试试舞蹈比赛？”

方方听了老师的话，再细细地想了想：“是啊，每次上舞蹈课我都是最快学会的，钢琴课的学习难度对我来说会有点大。我的目标是变得更优秀。那到底是参加钢琴比赛还是舞蹈比赛更可能让我变优秀呢？”

如果你是方方，你会选择参加哪个比赛？为什么？

通常我们要先弄清自己想要什么，也就是目标怎样设定。设定目标不要拘泥于形式。有时候具体的事物并非必需，换种形式也能达到期望。就如上例，方方的目标是变得更优秀，而不是非要弹好钢琴。证明自己优秀的途径很多，可以根据自身优势多做些尝试。

尝试期需要控制时长。浪费时间会导致自己与他人的距离越拉越大。尝试一段时间后，需要确定一个目标。目标一旦确定，就不要轻易放弃，而要百折不挠地去追寻。

（三）完善自我，全面促进成长

人是发展变化的，过去你做事胆怯，经过历练现在变得自信大方。这些变化可以通过认识自我尽早发现，用新的眼光正确看待和评价自己，及时调整，不断完善自我，获得持续成长。

技校生从新生到毕业生，从被动适应到主动创造，都需要通过升级自我认识，挖掘当下的最优发展目标和途径，积极应对挫折、调整心态，在实践、总结和反思中获得完善自我的力量，全面健康成长。

洪家光是怎样从一名初出茅庐的技校毕业生，变成一位贡献颇丰的技术状元的呢？

洪家光来自农村，他凭着刻苦好学的精神，以第一名的成绩分到中航工业沈阳黎明航空发动机（集团）有限责任公司。想到可以与飞机打交道，他很期待，但每天的工作却是一个机械动作重复成百上千遍，连飞机影子都看不见。面对现实，年轻的洪家光感到迷茫。

一位老师傅告诉洪家光，我们都是小零件，但你的质量会直接影响大机器，甚至大工程。虽然你现在只是一名普通技术工，但是只要不断学习，就可以有更大的作为。在老师傅的启发下，洪家光意识到，虽然每个人的工作都显得枯燥和不起眼，但人人都可以通过提升工作质量和技术创新，推动我国航天工业的发展。对他来说，在工作中不断磨炼和提高技能才是一切的基础。从那时起，洪家光就暗下决心，要成为单位里的技能状元。

2000 年，洪家光的左手手指严重粉碎性骨折，医生要求他休养两个月。可是，他不顾家人劝阻，只休息三天就回到岗位，从此，大家叫他“拼命三郎”“工作疯子”。

功夫不负有心人，洪家光凭借高超的技能和对我国航天工业的卓越贡献，赢得全国“最美青工”、全国技术能手、中华技能大奖、全国五一劳动奖章、国家科学技术进步奖二等奖等多项殊荣。

二、认识自我的途径

（一）自我评价

自我评价就是对自己的个性、思维、行为等进行实事求是的判断和评价。

自我评价包括：生理自我评价，即你的外貌、体质、健康状态等；心理自我评价，即你的精神世界，你对自己个性、兴趣、能力等方面的评价；社会自我评价，即你对自己所在环境、集体中位置及价值，以及在社会角色中适应能力的评价。

自我评价的方法有自我观察法、自我反省法和自我记录法。

1. 自我观察法

观察日常生活中自己的行为举止，发现、归纳和总结出自身某种特定的行为模式。在自我观察法的使用中，要随时保持警醒，关注生活细节，观察自己在处理事情时的思想变化、行为习惯等，要跳出来看自己的言行举止。例如，你发现自己做事情很容易半途而废，很难坚持下去。

2. 自我反省法

自我反省是在自我观察的基础上进行思考，为什么会有这样的行为？这些行为模式给我带来什么感受？我还能做得更好吗？通过对已发生的事情进行反省，可以找到发生某种特定行为的内在原因，并找到解决方法。

新学期开始时，林翔说要做一个有追求的人，树立了三个奋斗目标。他要坚持每个月读三本书，每天早上6:30起床去跑步，要自学英语。一个月过去了，书看了半本，英语学了三天。最开始那个星期他坚持跑步，但后来一周三次、一周两次，最后一周就没有跑了。

林翔很懊恼，向老师诉苦：“为什么我每次都是说到却做不到？”老师问他：“你为什么要确立这些目标？在做的过程中你有什么感受？体会到了什么？”

林翔思考着，他说：“我想让自己变得更好，我希望能够更快地收获更多的东西。刚开始，我很有信心，觉得这些都是很容易做到的。但是真正去做的时候，却发现课业学习内容本身就很多，看书和学英语的时间就不够了。如果坚持完成这两项目标，晚上太晚睡，早上又跑不了步。”

老师又问：“你觉得自己可以做些什么来改善这种状况？”

林翔反省着自己的行为和遇到的问题，他觉得自己太贪心、太心急。其实可以试着只确立一个目标，再制订一个可行的计划，最好找个人来监督，避免偷懒。林翔思考着，觉得这一次可以说到，也做到了。

在后续的学习中，林翔通过确立阶段目标和努力奋斗，在英语学习、读书、跑步几方面都陆续取得了成果。更重要的是，他从老师问的几个问题中，体会到了什么是自我反省。林翔的学习和生活其实一直问题不断，但他尝试着像老师那样向自己提问，深入剖析，认清自己，往往能比较快地摆脱困境，为获得成功奠定基础。

3. 自我记录法

对自己生活中感受较深的事件进行文字记录。记录发生了什么？我感受到什么？为什么会这样？我可以做些什么？文字记录是一种信息保留方式，可以通过信息的前后对比，得到更全面的自我评价。

自我评价中的自我观察法、自我反省法和自我记录法是逐步推进的，如下图所示。这三种方法共同作用，才能形成较为客观的自我评价。

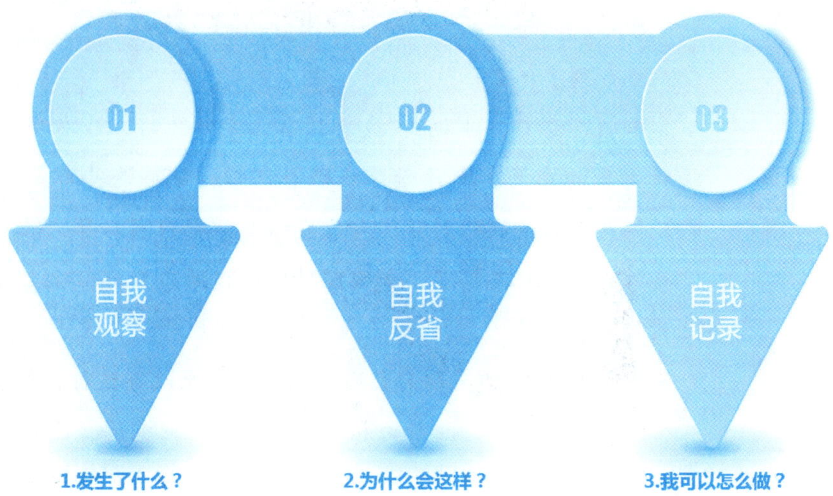

自我评价要本着实事求是的原则，在日常生活中观察自己的言行举止，反省自己的思维模式，既要客观描述自己的长处，也要真实评价短处。既不因主观意愿而夸夸其谈，也不因害怕逃避而欺骗隐瞒。通过持续的评价总结，提高自我认知水平，避免出现自我评价偏差，形成准确的自我评价结果。

（二）他人评价

他人评价包括家人、教师、好朋友、同学，甚至泛泛之交的普通朋友的评价。他们都可以通过与你的接触，观察你的言行，讲述他们的感受，对你进行评价。

受认知水平限制，我们对人、事、物的评价都具有片面性。在认识自我的过程中，只是进行自我评价是不够全面的，要结合他人评价，穿过盲区，寻找准确、客观的自我认知结果。

他人评价过程中，由于每个人的认知水平和对自己的熟悉程度不同，容易出现不同的评价结果。因此，对他人评价要学会甄别与筛选，尤其注意某些与自我评价不一致的结果，要客观理解、坦诚面对，才能提炼出全面、具体、客观的评价。

刚毕业的吴江，兴奋地打电话给班主任："老师，我领工资了，感谢您一直以来对我的信任和鼓励！"吴江在电话里继续说，"老师，您还记得第一学期您叫我组织元旦晚会吗？我连上讲台都不敢，为什么您会选我？"

班主任笑着说："你不是班干部，但是每天你最早来开门，最后关好门窗离开，说明你心里有班集体，愿意付出，而且很自律。你的所有作业本都用透明胶纸进行包边，说明你很细心。所以，我相信你能把元旦活动组织好。"

说一说：为什么自我评价和他人评价会出现不一致的评价结果？面对不一致的评价结果，我们该怎么做？

无论是自我评价还是他人评价都不是某一次的结果，是经过多次反复之后，才能得到相对稳定的评价结果。"我"看自己和"他"看"我"，因为角度不同，势必产生不完全一致的认知结果。那么面对两者之间的一致与不一致，我们该如何分析解读，最终得到正确的认知结果呢？

当自我评价和他人评价结果一致时，评价结果相对准确，有助于你更好地了解自身特点。

当自我评价和他人评价结果不一致时，需要对评价结果进行甄选。要始终保持正确的态度，不武断评判。

面对不一致的认知结果时，需要对认知过程进行回顾，剔除主观因素的干扰，对认知结果进行梳理，准确、全面地归纳自我认知的相关信息，形成自我认知的良性循环。

三、认识自我后的调整

（一）接纳认识自我的结果

认识自我的结果反映了你目前的自我状态，无论是你喜欢的正面结果，还是你不喜欢的负面结果都要接纳，因为这反映了真实完整的自己。

接纳自我就是实事求是地承认、接受全部的自己。首先，每个个体都是独一无二的，都是不可替代的，并且是能够在集体或社会中实现独特价值的。其次，要勇敢面对自己的不足，承认这些不足是真实自我中的一部分。只有接纳短板，才能选择最合适、最优化的成长方式，让自己更高效地提升能力。最后，要充分注意自己的优势，根据认识自我过程中观察、评价和反省的具体细节，找到发挥和发展优势的最佳途径，让自己实现更大的价值。

人的各方面素质是不断发展的，自己的认识水平也在不断发展。只有用全面和发展的眼光看待认识自我的结果，才可以让你在持续发展中，不断成长进步。

（二）缩小与理想自我的差距

你对自己各方面期望的总和就是理想自我，属于还未达到的范畴；目前真实的自己则是现实自我，属于已经存在的范畴。

请你用尽量多的形容词形容理想自我和现实自我，再进行对比，向同学谈谈你的发现。

理想自我	现实自我	两者差距

自我的成长就是追逐理想自我的过程。认识现实自我的目的就是找到与理想自我的差距。根据认知结果和自身需求的轻重缓急，制订

具体的目标和实施计划，调整自己的各种行为，使自己不断接近理想自我的状态。

现实自我与理想自我差距越大，越容易出现自我评价偏差。例如，自卑、自负、倦怠懒散或好高骛远等。

当现实自我不断接近理想自我时，理想自我就能成为激励现实自我进步的动力，当现实自我得到了成长，则又能推动理想自我不断攀升，形成更高的目标。

因此，认识自我不仅能发现真实的自己，还能了解自己的需求，发挥优势，突破瓶颈，补齐短板，少走弯路，实现自身价值的不断提升。

四、活动体验

认识自我是完善自我的基础，通过活动中的自我评价和他人评价，我们可以发现更好的自己。

活动过程：活动分为三个阶段进行，具体步骤如下：

第一阶段：自我评价

1. 每人分别写出自己的 5 个优点和 5 个不足。

我的优点	我的不足
（1）______	（1）______
（2）______	（2）______
（3）______	（3）______
（4）______	（4）______
（5）______	（5）______

2. 选其中一个优点和一个不足向全班同学说明你做出这样判断的理由。

第二阶段：他人评价

1. 找 2 个你最好的朋友，请他们说出你的优点和不足（各 3 个以上）。

2. 找 2 个与你交往最少的同学，请他们说出你的优点和不足（各 3 个以上）。

3. 向你的父母和亲属询问，请他们说说对你的评价。

好朋友说：______________________________
____
____

交往不多的同学说：______________________________
____
____

父母和亲属说：______________________________
____
____

第三阶段：照镜子

1. 将“他人评价”中的评价词按出现频率的高低进行排序。

____
____

2. 把“自我评价”和“他人评价”中差别最大的评价词写下来，并说说你的想法。

____
____

3. 综合上述评价结果，再次认识自我，并记录认知结果。

____
____

五、知识拓展

学生会准备换届了，老师鼓励明宇竞选学生会主席。明宇很长时间没有回复。老师找到他，和他进行了一次谈话。明宇对老师说，自己其实希望接受这个挑战，可是总担心能力不够，去竞选会浪费时间，万一选上又怕干不好工作，耽误了事情。

老师认真听了明宇的苦衷，问他："你觉得自己有什么竞选优势？"

明宇说："我在学生会的组织宣传部门做了一年，组织了多次活动，同学们都很认可。我觉得我比较有管理经验，而且我很喜欢和大家共同做事情。"

"是的，我也很认可你组织的活动。做事考虑周到，各个部门之间的协调也很好。我最欣赏你做事情时谦虚的态度，学生会里不少干部总和我说，你非常尊重大家的意见，大家也很愿意和你一起做事情。"

明宇笑了笑，有些不好意思地说："是吗？我怎么不知道？"他心想："因为我总担心自己做得不好，所以才多听大家的意见，免得把事情搞砸了。没想到，却成了大家眼里的优点。可这正说明我自己心虚啊。"他的笑容很快又收敛了。

老师接着说："世界上有很多不断经历失败，最终成功的例子。爱迪生发明灯丝的例子就是其中一个。爱迪生在发明灯丝的过程中，失败了 1 200 多次才取得成功。当他受到别人的嘲笑时，他乐观地说自己并不认为是失败，因为他发现了 1 200 多种不能作为灯丝的材料。所以，过程曲折并不代表一个人的成功潜力小。实际上，我们遇到的挫折往往能为最终成功提供有用的经验。你可以去找有关资料读一读。明宇，不管你最后能不能竞选上，老师都支持你，去发现自己身上新的优势。老师相信你。"

明宇听了老师的话，有所感触。晚上，他静静地做自我分析。他发现，自己总是担心竞选失败或是做不好工作，源自初中的一段经历。这段经历在进入技师学院后他对谁也没说过：初中时他志在必得要竞选班长，认为自己虽然成绩稍差，但热情、经验足够，和同学的关系乃至竞选当日的现场发挥都很好。可是，结果却是他落选了，有一些同学还嘲笑他自不量力。虽然时间已经过去了几年，但那种对失败的恐惧仍然埋在心底。第二天，明宇按照老师的话，去查了爱迪生发明灯丝的详细资料。爱迪生不畏失败，屡败屡战，最终成功的经历给了他很深的印象。明宇理解了老师的话——重在尝试。他对自己说："失败与成功都不重要，重要的是我获得了一次自我认知的宝贵机会。"

他走进老师的办公室，说："我报名竞选学生会主席。"

案例中，明宇通过和老师的谈话以及自我分析完成了深入认识自我的过程。这个过程中，他接触到了四个方面的信息，如下图所示。

	我知	我不知
你知	我参加了一年的学生会，组织了很多次成功的活动	大家说我为人谦虚，能尊重别人的意见
你不知	我初中时曾竞选班长，但是失败了，还遭到同学嘲笑	我的潜能

本图根据"我知—我不知"和"你知—你不知"两个维度将信息分为四个区域：开放区、盲目区、隐秘区和未知区。这个信息沟通模型是由乔瑟夫·勒夫和哈里·英格拉姆在20世纪50年代提出来的，被称为"乔哈里视窗"。

乔哈里视窗

	我知	我不知
你知	开放区：自己知道，别人也知道的信息	盲目区：自己不知道，别人知道的盲点
你不知	隐秘区：自己知道，别人不知道的秘密或想法	未知区：自己不知道，别人也不知道的潜能区

从乔哈里视窗的四个信息区我们可以得出，盲目区是通过他人评价认识自我的重要区域，隐秘区是通过自我反省认识自我的重点，未知区则是缩小现实自我与理想自我差距时探索的重点。认识自己就是要不断地对四个区域进行总结和思考，跟随动态的变化信息，不断提升自己的认知水平，实现自己的独特价值。

第二课 认清自身角色

学习目标

1. 了解角色和特定社会角色的要求。
2. 能有效进行角色管理。
3. 能端正角色心态，不断调整角色行为。

翻转课堂

本课导读

认清自身角色

阅读案例，并回答问题。

周宇航活泼开朗，与同学相处融洽，组织能力强，是同学和班主任眼中的好班长。学业上他刻苦钻研，参加省市比赛获奖，每一学年都被评为“十佳学生”。

因为表现优秀被班主任推荐到当地一家知名企业实习，但是不到一个星期，班主任就接到企业部门负责人的投诉电话：“这位同学以自我为中心，不服从岗位分配和管理，在工作中不肯听从老员工的指导，自视甚高。”

宇航心里很委屈：“明明是他们技术不好，还不让我说。老是我加班，我也很辛苦啊。”

思考：

1. 周宇航为什么会被部门负责人投诉？

2. 如果你是班主任，你会和他谈点什么？

一、认识角色

在家里，我是父母的孩子；在学校，我是某个班级的学生，我还是社团里的成员；访友时，我是客人；在企业，我是员工。我在不同时间、不同环境下扮演着不同的角色，而这些角色共同组成了完整的我。

什么是角色？通常指小说、戏剧或影视剧中的人物。现实生活中，社会角色就是与个人所处社会位置相关联，符合社会要求的一套个人行为模式。

本课所说的认识角色是指要正确理解自己所扮演的社会角色，以及该社会角色的行为要求。我们要在认识自我的基础上，形成清晰的社会角色认知，学会适应角色转换，调整角色行为。

思考：你一共扮演了多少种社会角色？

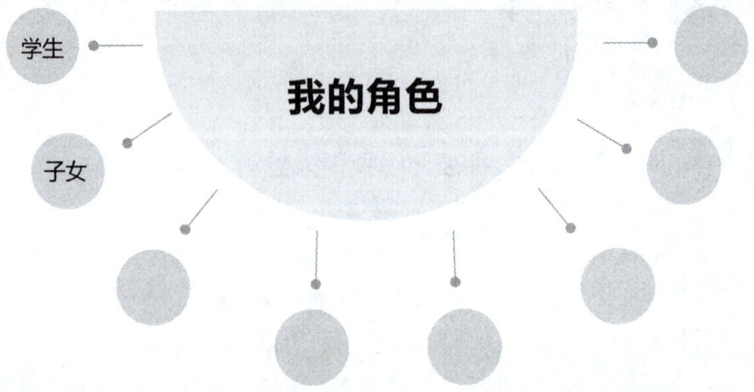

人的一生要扮演很多的社会角色。通常，当人们进入一个角色后，会在很长的一段时间内表现出这个角色所赋予的思维模式和行为方式。认识角色定位、明确角色要求，就能更好调整自己的行为，增强社会适应性。

（一）我是公民

每个人所扮演的众多角色中，公民角色是最一致的。公民是指具有或取得某国国籍，并根据该国家宪法和法律规定享有权利并承担相应义务的人。我们是中国公民，是国家的一分子，我们要爱祖国，要遵守国家法律法规和社会道德规范，要承担起对个人、对他人、对社会的责任。

（二）我是家庭一员

“家是最小国，国是千万家”，国家这个大家庭是由一个个小家庭组成的。家庭是社会的缩影，良好家风中孕育的家庭成员身心可得到健康成长，有利于担当好属于自己的社会角色，成为对国家和对人民有用的人。作为家庭一员并且为人子女，有传承和共建良好家风和孝敬亲长的责任，有管理好自己的日常生活，主动与家人沟通，参与家庭事务的责任，将来还有赡养父母的责任。

（三）我是学生

学生要遵守学校规章制度，对老师要有恭敬的态度，对学习要有认真刻苦的精神，对同学团结友爱、互帮互助，保持良好的沟通。技能人才不仅要学习理论基础知识，更要练就精湛的专业技能还要具备较强的职业意识，在掌握专业技能的同时，不断强化职业道德和职业能力。

角色	我能做到
公民	遵守法律法规
	做到明礼守信
	待人友善，互帮互助
家庭一员（子女）	爱护兄弟姐妹
	努力维护家庭和睦，建设良好家风
	主动参与家务，为父母分忧
学生	努力学习，提高技能水平
	按时作息，保持健康
	听从老师教导，与同学合作交流

（四）我将成为职业人

职业人与家庭成员、学生相比，角色的区别体现在规则、责任和权利的不同上。作为学生和家庭成员中的子女，我们通过师长、学校、社会获得关爱、知识和技能。我们在获得的基础上不断努力进取，塑造优良品质和掌握精湛技能，最终投身社会、回报社会。职业人则更侧重于先向他人、团队、社会输出劳动，再获得能力提升、财富积累，实现个人价值。职业人与学生和家庭成员相比，角色应具备的意识、应遵守的规则、应有的责任更清晰，更有针对性。因此，职业人的角色要求更高，同时也更加强调个人与团队、社会的协作关系。

对比下面两幅图，讨论学生角色和职场人角色的不同，并说说周宇航在自我认知和角色认知中出现了哪些问题？

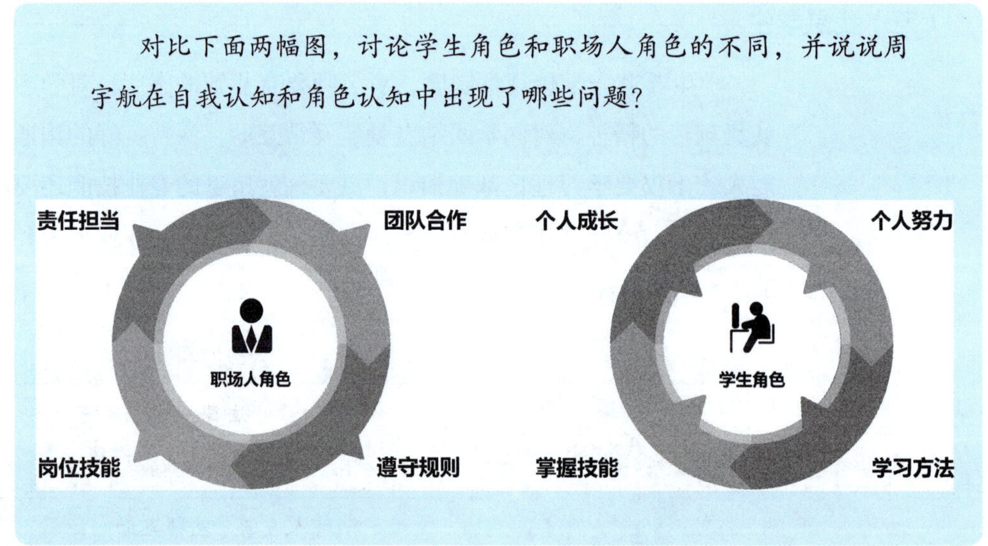

二、管理角色

角色不同，要求不同，角色行为就会发生变化。管理角色就是不同角色根据其行为要求，对角色的行为进行约束，承担角色责任，实现角色价值的过程。

（一）明确角色定位

角色定位就是指南针，能让你清楚地知道要做什么，不可以做什么。角色定位能让你明确职责范围，做到各司其职，是个人与他人、团队、社会进行有效协作的基础。

吕晓楠在实习过程中，做事认真细心，零失误，很快就被提拔为小组组长。小组里一共有6个成员，当了组长之后，吕晓楠依然和往常一样，做好自己的工作。

有一天，主任把他叫到办公室，对他说："最近公司对各个组进行考核，发现你的组不达标的最多，这是怎么回事？"

吕晓楠委屈地想："我的工作没有问题，通过了考核。他们自己粗心不认真，不能通过考核，和我有什么关系？"

如果你是吕晓楠，会怎么做呢？

进行明确的角色定位，要避免以自我为中心或以他人为中心划分角色。

以自我为中心划分角色，从个人需求确定自己行为的边界，自以为是，不愿意接受他人建议，因自身角色定位错误而不易被群体接纳。以他人为中心划分角色，则容易盲目贬低自身能力，只以他人需求来界定权利义务。做事畏首畏尾，不敢承担责任，缺乏创新精神，同样不利于找准自身角色。

准确进行角色定位，我们可以参照如下步骤。

01 判断角色在环境中所处的地位

02 了解角色职责，明确自己能做什么，不能做什么

03 根据角色，调整个人行为

角色定位时要主动选择，主动判断，不要过度依赖他人，要从知道到做到，根据角色职责调整自我行为。角色定位是动态的，只有明确自己的角色，才能确保个人与社会相互协作的有效性及持续发展的可能性，尽可能大地创造角色价值。

（二）遵守角色要求

当你进入烹饪实训室进行练习时，要穿好厨师服、戴好帽子、不佩戴首饰，要做好个人清洁，要注意用火用刀安全，还要听从老师的统一安排，这就是角色要求。

角色要求是对角色本身的规定和行为规范，不因个人意愿而改变，是必须遵守的。

企业说：我们更欢迎能遵守岗位要求的员工，做事踏实，不随意违反岗位规则，这样的员工让我们放心，同时我们也愿意培养他，他会得到更多的发展机会。

老师说：学生角色到职业角色是从“学”到“用”的转变。学生进入社会、进入企业，需要时间进行调整，但主动遵守角色要求，是做好事情的第一步。

学生说：走进工作岗位，非常不适应。工作要求和学习要求有很大不同，但是我愿意尝试着去调整。因为我们总是要走向社会，实现自我价值。

结合上述内容，谈谈你对角色要求的理解。

社会、企业、个人的发展是全员协作的结果。在协作过程中我们有不同的分工，这些分工就形成了各式各样的角色。为了更好地完成协作、促进发展，每一个角色都需要摆正心态，接受角色差异，遵守角色要求，不随意越界，完成好角色职责内的事务，实现角色价值，达到共同发展的目的。

（三）承担角色责任

公民遵守法律，父母教育子女，学生完成学习任务，职业人完成工作任务，都是社会角色在承担自身的责任。就角色任务完成情况而言，承担角色责任包括两个方面：一是承担按要求完成角色任务的责任，二是承担未按要求完成角色任务的后果。

1. 承担按要求完成角色任务的责任

完成角色任务是指在限定时间内把角色分内的事情做完、做好。

公民角色、家庭中的子女角色和学生角色都有各自需要完成的角色任务，如爱国、孝敬父母、认真学习。这些角色任务是伴随角色自然生成的，并不会因为你的需求而更改或者消失。

职场中的角色任务则更为明确，如会计需要按时完成财务统计表，销售员需要按时按量完成销售任务，教师要上好每一堂课，等等。

企业中的新员工首先是企业基层的一分子，其次是某个岗位的担当者。企业有时会因人力调派的关系，让基层员工承担某些超过岗位日常事务范畴的工作，那么，完成这些工作也是新员工这一角色应承担的责任。

小李是车间的产品质量检测员，主要负责对产品进行最终检测，确保产品质量。

但今天中午下班，主任告诉他："明天有个合作企业要过来了解部门情况，下午你准备一下相关材料，明天你来汇报。"

小李很疑惑：自己明明做的是检测产品质量的工作，为什么还要去做汇报工作？你觉得主任安排的事情是小李的角色责任吗？如果你是小李，你会怎么做？

完成角色任务，不仅要有个人努力，还需要团队合作。在分工越来越精细的协作型社会中，要树立团队意识，团队成员各负其责，互相沟通协调，才能更高效地完成角色任务。

2. 承担未按要求完成角色任务的后果

个人未按要求完成角色任务，要承担相应的后果。

（1）未按时完成角色任务

完成角色任务是指按时、按量完成，不能超时、不能少做。如学生要在规定学期完成学业，如果没有，就要承担不能毕业的后果；职场人要按工作计划完成任务，到期未能完成，要承担被处罚的后果。

完成角色任务是角色的基本要求。我们除了增强自己的能力之外，还可以与他人进行团队合作，相互支持和分担工作任务，达到任务标准。

（2）在完成角色任务中，没有做好的，也需要承担后果

在完成角色任务时，敷衍了事，任务完成质量低下也需要承担后果。

技校生的主要任务是学习知识与技能，如只满足于及格状态，不主动追求精湛的技艺，则要承担技能水平低，就业选择余地小的后果。

在职场中，把任务完成标准放在最低限，是难以有更广阔发展空间的，而且要承担易被淘汰的风险。事实上，职业发展是一个精益求精的过程，不仅要做完，还要做好，甚至做到更好，才能获得更多的选择权，取得更大的价值。

尽管角色要求各有不同，但都不能触碰法律底线。如不能破坏社会秩序，不能危及他人身体、财产安全，否则将会面临法律法规的制裁或处罚。

承担后果要尽可能地减少气馁和抱怨情绪，要勇于承担后果。其实承担后果是要告诉你，哪里要调整，哪里可以做得更好。把注意力集中在如何解决、如何提升上来，修正错误，减少损失，避免类似问题再次发生，才是承担角色责任的真正意义。

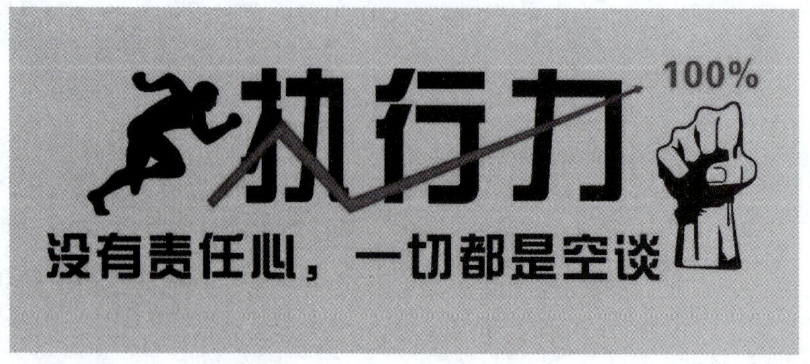

港珠澳大桥按照世界最高标准建造，被誉为超级工程。管延安就是这项工程中的一名钳工，经他安装的沉管设备，18 次海底隧道对接，均顺利完成。

管延安 18 岁跟着师傅学习钳工，刚开始学习时，有一次故障检修，他胸有成竹，没有进行最后检查就完成了工作，导致发电机烧坏，差点造成严重事故。他羞愧难当，为了避免再次发生这样的事故，他维修后的机器在送走前，都至少要检查三遍。在港珠澳大桥的建设中，他和同事们日夜奋战，一遍又一遍地调试，圆满实现了大桥海底隧道的“深海初吻”。

他高度负责的态度和精益求进的精神，让他的安装精度达到了“零缝隙”，被评为中国“最美职工”。

你觉得是什么让管延安成为大国工匠？

人的一生会有很多种角色，要清楚各种角色的社会行为要求，调整好心态，做好角色的适时转换，有准备地去接受各种角色，更好地适应社会，完成岗位工作任务。认清角色边界，明确角色要求，承担角色责任，恰当有效地进行角色行为管理能体现一个人较强的综合能力。

三、活动体验

活动阶段

假期你志愿在市图书馆 A 区做图书整理员，上班时间为：8：00—12：00 和 14：00—17：00。你的好朋友假期不在家，托你看管他家的小狗，白天需要喂食，你下班后还需要再过去遛狗。

一天你接到朋友邻居的投诉电话，说小狗一直在叫，影响他家孩子学习，要你马上回来处理。现在是 11：30，你本来打算下班后过去，但是刚巧图书馆 B 区正在进行读书活动，人手不够，组长叫你马上过去帮忙，而且读书活动到 18：00 才能结束。

在这些角色中，你认为怎么做才是最恰当的？这些角色都有什么职责？请结成小组，以情景剧的方式表演出来。

四、知识拓展

请你采访一位成年人，了解他目前主要扮演的三种角色，以及是如何扮演好这些角色的。完成下面表格，并与同学交流采访过程中的收获。

<table>
<tr><th colspan="6">角色采访记录表</th></tr>
<tr><td>姓名</td><td></td><td>性别</td><td></td><td>年龄</td><td></td></tr>
<tr><td>主要角色</td><td colspan="2">这个角色的主要职责是什么？</td><td colspan="3">此人是如何扮演好该角色的？</td></tr>
<tr><td></td><td colspan="2"></td><td colspan="3"></td></tr>
<tr><td></td><td colspan="2"></td><td colspan="3"></td></tr>
<tr><td></td><td colspan="2"></td><td colspan="3"></td></tr>
<tr><td>我的收获和思考</td><td colspan="5"></td></tr>
</table>

探究活动

我和角色

一、活动目标

1. 能运用认识自我的方法。
2. 能根据场景管理角色，调整角色行为。
3. 通过探究活动，能接纳自己，树立解决问题的信心。

我和角色密不可分，我要看清自己的价值，也要读懂角色的需要。

场景一：

精打细算财务公司以严谨、无差错在行业中赢得了很好的口碑。

有一天，一位手持拐杖的老人家怒气冲冲地出现在公司门口，声称他的财务表有严重的漏洞，损害了他的利益，要讨个说法。

你是这位老人的直接财务管理员，你认为自己工作认真，每一个财务表都会经过多次审核，还因为工作突出被评为优秀员工，所以不可能是自己的错。但是老人家已经将这件事投诉到了部门经理那里，你该怎么做？

场景二：

远东汽修厂刚开业 3 个月就接到一个大单，某企业要给员工发放年末福利，给所有员工的车辆做一次保养。该项目一共涉及 150 辆车，要求在一个月内完成所有车辆保养。厂里很重视，要求全力做好这个项目，激发员工工作热情，进一步打开市场。

你是保养组组长，组里只有6名员工，为了顺利完成这项工作，你需要马上召开一个紧急会议，商量对策。

场景三：

飞达服装贸易公司是服装市场的风向标。早上7：30，你接到主管电话，被告知8：30要安排一个中英双语的远程会议。9：30要召开夏季服装流行色趋势研讨会，参会人员有48人，要你做好相关准备。11：00你还要参加公司内部的总结会，会议重要，不能请假。

你是一名会议秘书，日常工作就是安排公司的各类会议，但是你正在休病假，你会怎么做?

二、活动准备

1. 划分三个小组，选出组长。
2. 桌椅摆放成半圆形。
3. 每组派两名同学组成评审团，对三组表现进行评价。

三、活动步骤

1. 各小组长抽签选取场景。
2. 小组长组织小组成员对场景进行分析讨论，确定场景扮演的人员分配和台词脚本。
3. 各小组展示。
4. 评审团点评。
5. 各小组根据角色扮演和评审点评进行总结。

四、活动延伸

自我评价	
1. 我在场景中是什么角色	
2. 这次扮演，我最大的感受是什么	
3. 我最欣赏角色扮演中哪位同学	
4. 我觉得自己哪个方面最需要改进	
5. 我是否更清晰地了解了自己	
6. 我是否更加了解角色	
7. 我是否愿意不断尝试，直到让自己满意	

第二单元

时间与计划

盛年不重来，一日难再晨。及时当勉励，岁月不待人。

陶渊明

如果每天都有 86 400 元汇入你的银行户头，而你必须当天花光，否则全部清零，那你会怎样花呢？

有人质疑，哪有这样的好事！

其实不然，你真的有这样一个账户，那就是“时间”，每天都会有 86 400 秒进账。你计划怎样用好每一秒来投资人生呢？

第一课　走近时间管理

学习目标

1. 认识时间和时间管理。
2. 掌握时间管理的方法。
3. 养成科学管理时间的习惯，珍惜时间，热爱生命。

翻转课堂

本课导读

走近时间管理

- 探索时间管理奥秘——第 37 页
  - 揭秘时间
  - 什么是时间管理
- 时间管理障碍——第 40 页
  - 目标不明，主次不分
  - 易受外界干扰
  - 做事拖延
- 学会时间管理——第 44 页
  - 分析诊断时间，消除时间浪费
  - 制订时间计划，合理分配时间
  - 利用零散时间，酌情整合时间

阅读案例，并回答问题。

张义和刘浩是同班同学，都是机电一体化专业二年级的学生。

张义喜欢阅读、摄影、篮球，他参加了很多社团。除了上课，他都在参加各种课外活动，还亲力亲为做各种策划。刘浩则比较内向，他不喜欢热闹，经常自己抱着手机刷屏。

但是他们都在抱怨，时间太少。很快就要考高级电工证了，还有很多题目没来得及复习。

张义说："我每天都要参加活动、做策划、写作业，哪里有时间准备考证？"

刘浩说："我没有参加什么活动，但是为什么还是觉得时间不够呢？我除了上课，做得最多的就是玩手机，刷刷朋友圈，看看小视频，感觉什么都没有做，一天就过去了。"

思考：

1. 张义和刘浩的时间去哪了？

2. 如果你是张义或刘浩，会怎么解决时间不够用的问题？

一、探索时间管理奥秘

（一）揭秘时间

时间通常用来描述事物运动或发展过程。它是抽象的，但是我们可以从日常生活中感受到时间的存在。比如，四季更替，花开花落，河水流动，我们都可以从中体会到时间的流逝。

时间是不可逆的，正如覆水难收，破镜难圆。一寸光阴一寸金，寸金难买寸光阴。时间宛如无价之宝，却无法像珠宝那样可以储藏，一旦过去，就会永远消失。有多少时间已经在你身边悄悄地溜走了？让我们来玩个小游戏看看吧。

撕纸游戏

游戏用具：长条纸、笔。

游戏步骤：

1. 将长条纸用笔划分成 10 等份。假如你个人的生命处于 0 ~ 100 岁，那么长条纸划分出的各份从左至右每一份代表人生的 10 年。

2. 请问你多少岁？把相应的部分从前面撕掉。（过去的生命再也回不来了！因此，请彻底撕干净。）

3. 请问你知道多少岁退休吗？请把相应的退休以后的部分从后面撕下来，不用撕碎，放在桌子上。

4. 一天 24 小时，通常睡觉 8 小时占了 1/3，吃饭、聊天、看电视、游玩等占了 1/3，工作的时间约 8 小时，占了 1/3。请将剩下来的纸条折成三等份。把代表工作时间的 1/3 撕下来，并拿在左手上。

5. 请用右手把退休的那一段和刚才撕掉工作时间后剩下的 2/3 加在一起。

游戏结束后，请你思考下列问题：

1. 你如何用左手的纸条代表的工作时间赚钱，以保障自己右手非工作时间的生活？

2. 你要珍惜时间吗？你想在有生之年有所作为吗？你能进行有效的时间管理吗？

（二）什么是时间管理

时间对所有人都是公平的，能否进行有效的时间管理是提升学习和工作质量的关键。

时间管理就是对时间进行合理计划和控制，有效安排和运用时间，以提高时间的利用率和有效性。有效的时间管理可以在同样的时间里，做更多的事或做得更好；可以在做同样的事情时，用时更短。

公司秘书张明和李华今天的工作比较多，要完成项目 PPT，要开会讨论提案，要复印整理资料，等等。看看他们是怎么做的，你受到什么启发？

张明一早就来上班，先慢慢悠悠地泡杯咖啡，等同事都来了，一起闲聊了好一会儿，才打开电脑准备做 PPT。还没理好头绪，同事就说要开会讨论提案。张明看时间才 9：30，还比较早，于是，先整理材料去和同事开会。可是，会议结束时已经到午休时间了。

下午上班后，张明又准备做 PPT，此时他才想起还有资料没有复印。匆匆忙忙整理完资料，已经下午 5：00 了。张明叹气说："今天又要加班了。买好的电影票又浪费了。"

李华 8：00 准时上班。到公司后，马上对 PPT 进行内容梳理，选好模板。一个半小时后PPT大框架基本完成。接着就和同事讨论提案。

下午上班李华先把资料整理分类，复印好交到领导办公室。下午4：00他开始着手对PPT进行修改和完善，5：00 PPT完成交稿。还剩下一点时间，他把第二天的工作任务进行了分配和标记。

李华高兴地说："可以安心地看今晚7：00的电影了。"

从张明和李华的例子中，我们可以看到，其实人的能力和潜力是不可估量的，没有得到应有的发挥，并非能力不足或时间不够，而是没有掌握科学合理的时间管理方法。尤其随着社会进步，大多数企业并不鼓吹盲目低效加班，领导们更希望员工能在工作时间内把工作做好。

我国著名数学家华罗庚说过，时间是由分秒积成的，善于利用时间的人，才能做出更大的成绩。你知道自己是否善于管理时间吗？来做下面的小测试吧。

用最简单的方法测试你是否能掌握好时间，你只需要回答"是"或"不是"。

1. 你是否无法坚持1小时学习？
2. 你是否会经常忘记一些重要的事情？
3. 你在做重要的事情时容易被打断吗？
4. 你时常会把你该做的事推到最后期限才去做吗？
5. 你经常会为自己拖延完成任务找借口吗？
6. 你通常抄别人的作业吗？
7. 你学习时会忍不住玩手机游戏吗？
8. 你是否会忙于一些琐碎的事而放弃去做与目标一致的大事？
9. 你是否会因为事情多而不知如何是好？
10. 你是否觉得玩手机浪费了你很多时间？

0～3个“是”	恭喜！请坚持并完善时间管理方法
4～7个“是”	当心！你需要重新审视你的时间安排
8～10个“是”	救命！你必须在时间管理上努力改进

二、时间管理障碍

无论什么人，一天都只有24小时，但是为什么每个人的成就会不一样呢？有些人仿佛在谈笑间就处理掉大小事务，有些人每天如蜜蜂般转个不停，事情却总是忙不完。到底是什么阻碍了我们高效地工作和学习呢？我们又应该如何处理呢？

（一）目标不明，主次不分

“你很忙吗？”这个问题的答案非常一致——忙！每个人都很忙碌，总感到时间不够用，可是时间都去哪儿了？

李莹是班里的副班长，为人积极开朗。元旦快到了，班委会决定开展一次元旦晚会活动。李莹被分配到的工作是和生活委员一起为晚会采购所需物品。他们商量好在晚会前一天下午去超市采购水果和零食，去文具店采购装扮教室的彩带等装饰品。这本来是三四个小时就可以完成的任务，但是在超市里，李莹不只购买了任务清单上晚会需要的食物，还在超市中逛了好几圈，想采买更好、更全的物品。他们从超市出来才发现夜幕已降临，已来不及去文具店买教室装饰品，只能推到次日采购。结果，因为装饰物没按时到位，班里的同学们只能在晚会前急匆匆地布置教室，活动陷入一片混乱中。

很多人习惯性地觉得每一件事情都很重要，每一件事情都需要完成，事无巨细地为了某一件事情，翻阅资料，打电话求证，反复研究对比，但实际上，这件事情对当下的任务、人际关系，乃至长远的学习和工作都是无关紧要的，不值得花过多时间去处理。

人不是万能的，精力和能力都是有限的，要懂得取舍，灵活应变。如何能做到有的放矢，主次分明呢？同学们可以试着列个清单，先把这两天要做和想做的事情全部罗列出来，在明确目标和分清主次的同时，从中挑出最重要且必须今天完成的几件事情，预计应花费的时间，然后先尽力把这几件事情在规定时间内做完，之后再考虑做其他事情。

（二）易受外界干扰

你每天可能会面临不少的干扰，它们来自外界环境。例如，广告电话、朋友打游戏让你救场，教室里同学拉着你闲聊，室友让你帮忙跑去超市买零食，等等。不知不觉它们占据了你很多时间，怎么办好呢？

一旦别人请托的不重要的事将深度影响你的正常工作和生活秩序，需要花费过多时间，你就必须学会拒绝，排除干扰，但要掌握好拒绝的技巧。你可以直接陈述拒绝的客观理由，例如工作时间不允许、状态不佳、客观条件受限等，同时提出一些可以帮到对方的解决办法，也希望对方能够理解自己的难处。特别是你在处理重要事情或从事具有危险性工作的时候，一心一意才是最重要的，这样才能够更好地管理自己的时间和保障人身安全。

（三）做事拖延

拖延是指以推迟的方式逃避执行任务或做决定的一种心理特质或行为倾向。拖延不是天生的，而拖延现象一直得不到纠正的话，就容易形成不良习惯，演变为“拖延症”。

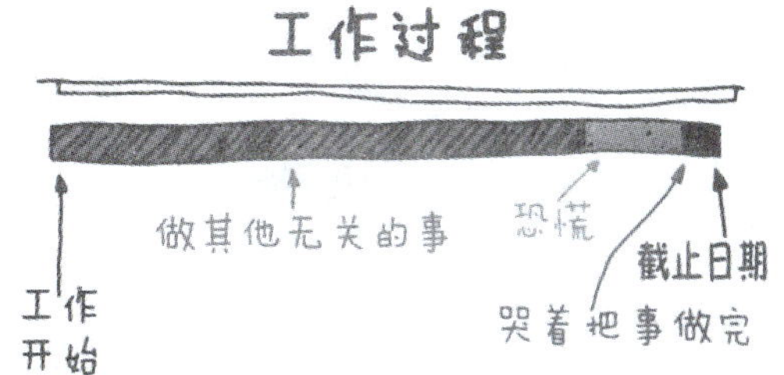

你准备写作业的时候，想着时间还多，先玩一局游戏，再刷一会儿微信。看看还有时间，又和同学闲聊一下。直到只剩下最后半小时，才匆忙把作业写完，也不去理会有没有写好。

拖延既影响了做事的质量，更是在无形中浪费了时间，以致不能完成更多的事情，成了“日日待明日，万事成蹉跎”的真实写照。

克服“拖延症”的方法有许多：一是使用手机备忘录。在现实生活中，每个同学都有手机，而且都离不开手机，在手机备忘录中记录自己要做的事情，在规定时间范围内设置多个闹铃提醒，这样就能很好地督促自己及时完成。二是抱团互相鼓励。有些事情需要坚强的毅力才能坚持下去，比如晨跑、器械健身等，这时候就可以招呼你的朋友们一起去锻炼，互相鼓劲。三是张贴计划安排表。把任务划分成多个时间段完成，制作成醒目的表格，张贴在显眼的位置，按时做完一项划掉一项，为自己创造成就感。

制作时间管理障碍思维导图

列举你在学习或生活中遇到的时间管理障碍的原因及结果。制作成思维导图，形式不限。具体可参考以下两图。

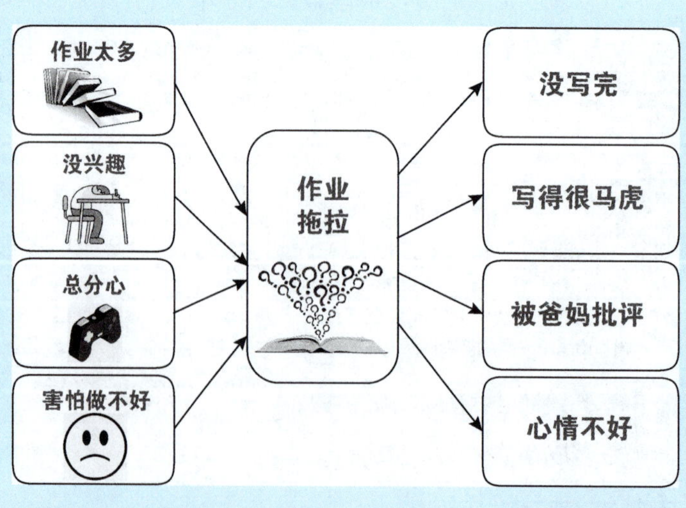

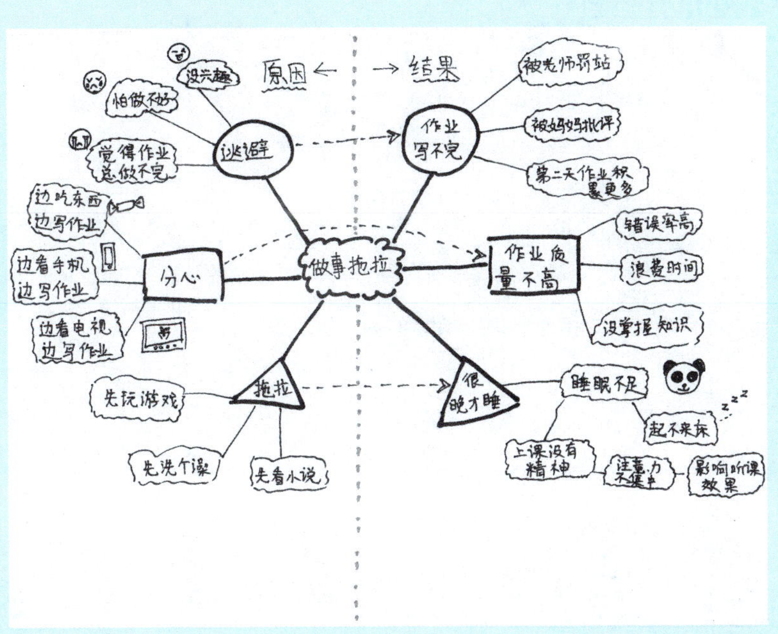

活动描述：

1.10 分钟内，列举出你在学习或生活中遇到的时间管理障碍，及导致时间管理问题的具体原因，在白纸上画出思维导图。

2. 在小组内展示和简单讲解自己的时间管理障碍思维导图，并讨论解决时间管理问题的方法。

3. 每小组派一名成员展示并讲解代表作品，并提出解决方法。

活动评价：

由组长和教师共同填写任务评价表格，每项以 1 ~ 10 分来评分。

组别	展示（图）	讲解	解决方法	总评

三、学会时间管理

罐子满了吗?

一次时间管理课上，教授往一个透明的塑料大罐子里填满鹅卵石，问学生："罐子都塞满了吗？"

所有学生都异口同声地回答："是。"

"真的吗？"教授笑着问，又把一袋碎石子倒进去，边倒边摇，反复多次直至碎石子灌满罐子。再问："现在满了吗？"

只有一个学生怯生生地说："也许没有满。"

"很好！"教授说完后，又拿出一袋沙子，慢慢倒入罐子，倒完后问："现在你们说，罐子满了吗？"

"没有满！"全班同学这次学乖了，大家都很有信心地回答。

"好极了！"教授再一次称赞了他们。

他又从桌子底下拿出一大瓶水，把水倒进看起来已经被鹅卵石、小碎石和沙子填满的罐子里。

最后，教授认真地问同学们："我们从中学到了什么？"

思考：如果罐子的内部空间代表所能利用的全部时间，那么鹅卵石和沙子分别代表什么?

如果先放沙子后放鹅卵石，会怎样？说明了什么道理?

每一个优秀的人都有一个共同的特点，就是他们对时间有着特别明确的规划，细致到每一天、每一小时，甚至是每一分钟。

我们可以把时间管理分为以下三个步骤：

（一）分析诊断时间，消除时间浪费

时间管理应该从了解自己时间的去处开始，这是时间管理的第一步，也是进行时间管理的基础。

我们分析和诊断时间的目的有两个：一是通过分析诊断，掌握自己的生活规律，把精力最充沛的时间集中起来处理最重要和最费神的工作，否则，容易误把高效时间切割成低效零碎时间。二是要找出和识别浪费时间的现象，以便消除对时间的浪费。

那么你的时间都花在哪里了？这些事情是否必要？有没有需要消除的时间浪费呢？

自我时间诊断

姓名：________ 年龄：________ 日期： 年 月 日

时间段	做什么	是否浪费时间	时间段	做什么	是否浪费时间

经过前面的时间分析和诊断，你可能会发现：事实上，在一天的时间里，真正用于重要工作和自我学习的时间并不算多，而用于日常无谓的琐事，甚至无所事事的时间更多。很多人不是时间不够，而是时间管理不善。

消除时间浪费，就是消除在工作和生活中一些浪费时间的陋习。例如：沉迷网络游戏造成的时间浪费；工作效率低下造成的时间浪费；习惯性拖延造成的时间浪费；工作无计划造成的时间浪费等。在日常的工作生活中，我们首先应该确定哪些事情根本不必做，哪些事情做了也是白费功夫。应该由别人干的工作，或者别人干比你干更合适，都应该放手让别人做。因此，每个人都应该明确自己的目标，尽量减少或避免不必要的时间浪费。

（二）制订时间计划，合理分配时间

当你同时需要做多项任务或事情的时候，你可以列清单记录下来再安排时间。单纯利用大脑来记忆，不仅可能会遗忘，也容易产生压力而无法轻松工作。

便利贴、小型笔记本、计算机、手机备忘录等都是记录待办事宜清单的工具，各有优缺点，大家可以根据自己的使用习惯进行选择。

便利贴时间管理法

便利贴是我们在工作生活中常见的一种标签式的提醒工具，能够帮助我们计划时间。将写好的便利贴贴在工作生活中较显眼的位置，能够时刻提醒自己更有效地分配时间。

例：小周将自己的复习时间安排表写在便利贴上，并贴在课桌和床头。

任务清单拟好后，如果发现杂事太多，难分主次，为避免花大把时间在琐事上造成效率下降，可采用四象限排序法来分配时间。四象限排序法，又称优先排序法，是时间管理的重要方法。根据事情的重要性和紧急程度，它把事情划分为四大类（见下图）。

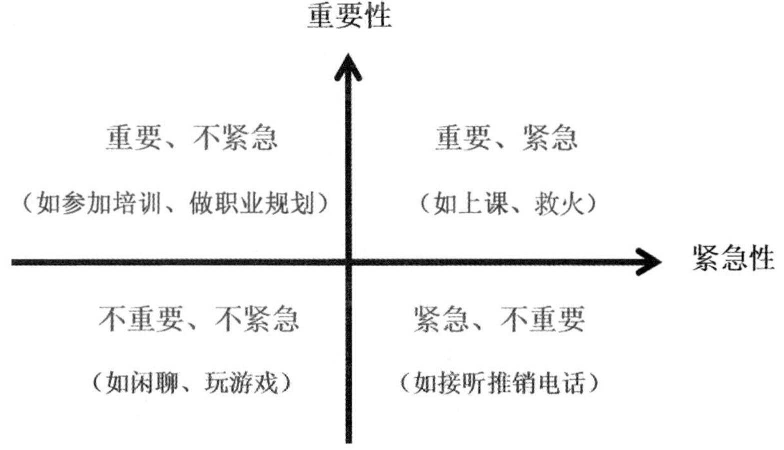

对这四类事情的偏重不同，你就会成为不同的人。

如果你总是做“重要、紧急”的事情，表面上你似乎很充实，到处冲锋陷阵，备受重用，但是久了你就会疲惫不堪，成为“压力人”。

如果你老是做“不重要、紧急”的事情，你会成为“无聊人”，急躁而无远见。

如果你总是做“不重要、不紧急”的事情，你会成为“无用人”，会被他人忽视。

如果你能在及时完成“重要、紧急”事情的基础上，把重心放于“重要、不紧急”的事情，你会成为“从容人”，做事有目标与计划，能劳逸结合。

我们建议这样处理这四类事情：先做重要又紧急的事情，早做重要而不紧急的事情，少做不重要而紧急的事情，后做既不重要又不紧急的事情。

对于重要又紧急的事情，要马上挤出时间先做，这类事情必须亲自做，立即处理；对于不重要而紧急的事情要少花时间做，如果该事情有相关责任方，应委托责任方处理；对于既不重要又不紧急的事情，如有可能，不要浪费时间去做。

对于重要而不紧急的事情，涉及职业人生规划，比如考取职业资格证书等，我们往往容易忽视和拖延。但是，今天不紧急，将来会变得很紧迫，实际上这类事情对于我们把握未来可能至关重要，所以我们应该有计划、有步骤地挤出尽量多的时间尽早去做，要制订详细可行的时间计划和设置明确的完成期限。

（三）利用零散时间，酌情整合时间

在进行了时间和任务分析且制订了计划之后，我们在实施时间计划的过程中，往往会发现还有许多零散时间，诸如过渡时间、上下学时间、等候的时间等。我们可以充分利用日常生活中的零散时间，做一些只需零碎时间就可以完成的事情。比如：

上下学时间。在技工院校中，一部分同学属于走读学生，花费在上下学路上的时间比较多，如何解决上下学所造成的时间浪费呢？可以在乘坐公交车或地铁的时候，刷刷技能考证题库，背背外语单词，或看看热点时事等。

等待时间。等人、等车、在餐厅等餐，等等，这类事情在我们的生活中经常发生。我们可以在背包里放一本轻便的书，利用等待的时间进行阅读，提升自我价值。

闲聊时光。在学校里，和室友日常聊天联系感情也是必不可少的。但是，你有没有想过，你其实可以一边和同学侃大山，一边洗衣服、擦桌子、整理杂物。这样烦琐无趣的生活琐事不知不觉就在你愉悦的心情中处理完了，正是一举两得。

同学们，大家分享一下，还有哪些零散时间可供充分利用呢？

____

____

如果我们想提高时间利用率，可以对时间耗用进行统筹规划。举

几个例子：你可以合理安排工作步骤或路线，提高效率以减少时间浪费；你还可以一边跑步一边听新闻广播；一边洗澡一边浸泡衣服等。大家开动脑筋再想想其他情形。

为了使时间有效整合，保证重要的事情按时完成，我们一定要对重要的事情规定完成时限，并且完成时限的设置一定要提前，为突发状况的处理留有余地，这是使时间管理更为有效的关键。

建议每周至少固定安排一段时间，对上周时间计划的实施进行效果评估和调整，及时总结时间管理经验，以达到更优的时间管理状态。

四、活动体验

假如现在是周一的晚上，面前是接下来这六天要做的事情：

（　　）1. 你从昨天早晨开始牙痛，想去看医生。

（　　）2. 有一份兼职工作很不错，但你必须在周二或周三下午去面试，估计要花一个小时。

（　　）3. 明天晚上有一个 1 小时长的电视节目，你挺爱看的。

（　　）4. 周五晚上有一场不太感兴趣的演唱会。

（　　）5. 你在图书馆借的书，周三到期。

（　　）6. 明天下午 2：00—4：00 要参加一个班干部会议。

（　　）7. 你欠某人 10 元，你着急还钱，他明天也要参加班干部会议。

（　　）8. 你周四早上 9：00—11：00 要听一场讲座。

（　　）9. 你的班主任给你发来信息，让你尽快与他见面。

（　　）10. 你负责的社团小组将在周四下午 5：00 开会，预计一个小时。

（　　）11. 周六晚上班级聚餐。

（　　）12. 你要在周日前和实操指导老师约时间见面。

（　　）13. 星期天早晨要出一份校刊，校刊准备预计要花费 10 个小时，而且只能用业余时间。

（　　）14. 周日你要参加一个职业技能考试。

问题一：对上述事情你如何分类？请把下列代码写在序号前的括号内。

A= 重要、紧急

B= 重要、不紧急

C= 不重要、紧急

D= 不重要、不紧急

问题二：请你为本周的工作做一个计划表，把相应的序号填在空格内：

时间		A	B	C	D
周一	晚上				
周二	上午				
	下午				
周三	上午				
	下午				
周四	上午				
	下午				
周五	上午				
	下午				
周六	上午				
	下午				
周日	上午				
	下午				

问题三：对于不重要的事情，你打算怎样处理？

五、知识拓展

劳逸结合，给自己放松的时间

孔子说："一张一弛，文武之道也。"人生也应该张弛有道，忙里偷闲。人生亦如琴弦，太松则弹不出正确的音调，太紧则易断，只有松紧合适，才能弹奏出美妙的乐曲。

现代社会发展节奏飞快，人们每天忙忙碌碌，似乎都没有时间放松自己。别以为学霸只会悬梁刺股，工作达人只会加班熬夜，其实真正学习工作能力强的人往往在学习和工作上努力拼搏，业余时间也玩得尽兴。休闲与工作、学习并不矛盾，处理好之间的平衡，你也能高效耕耘，快乐玩耍。

在给工作和学习制订时间计划的时候，也要给自己预留一定的休闲时间。在此就休闲时间的计划安排，给大家提几点小建议：

1. 每天再忙，也要给自己留下锻炼身体的时间。

身体是学习和工作的本钱，有健康的身体才会有幸福的未来。

2. 休闲活动应选择健康向上的运动或能放松身心的活动。

散步、登山、游泳、打球，甚至自己独处发呆片刻都可以排遣压力或愉悦心情。

3. 尽量避免熬夜，每工作或学习一小时应该走动休息几分钟。

熬夜或长时间的工作和学习只会造成效率低下、劳累和患病，实在是得不偿失，该休息时就休息。

第二课　做好计划管理

学习目标

1. 了解计划管理的重要性及计划的分类。
2. 学会根据自身实际制订计划。
3. 能提升对学习生活的自控力。

翻转课堂

本课导读

做好计划管理

- 初识计划管理——第 54 页
  - 做好计划管理是成功的前提
  - 计划的类型
  - 计划管理的优先级
- 计划的制订与实施——第 57 页
  - 编制计划
  - 执行计划
  - 检查和调整计划

阅读案例，并回答问题。

小妍是某技师学院三年级的学生，在一次音乐课上被优美的笛声吸引，从此喜欢上吹笛子，还特地请专业老师来指导自己。她下决心，从现在到毕业的两年时间里要达到笛子演奏八级的水平。但是，要达到这个目标，对小妍来说并不是一件容易的事情。她制订了两年学习计划，准备每天抽出 3 个小时来练习笛子。她的计划中包括演奏知识和技巧的学习安排，如小技巧的突破等，并标出了达到四级、六级、八级的时间点，要求自己严格按照计划执行。她还针对比较难掌握的颤音、花舌等小技巧制订了专项训练计划。她在计划里写明：碰到“瓶颈”及时请教老师；如果当天没能按时完成练习，就罚自己一个星期不准吃零食。

思考：

1. 参考该案例，你将如何去规划自己的学习？

2. 请在完成这一课的学习之后，思考如果你是小妍，你会怎样制订计划。

一、初识计划管理

（一）做好计划管理是成功的前提

相信同学们都明白“凡事预则立，不预则废”的道理。那么，想想在过去的学习和生活中，你有过哪些计划？你按照计划去实施了吗？最终实现目标了吗？同学们来分享自己的经历吧。

思考下列问题，说说你的想法：

1. 你最想做成的事是什么？

____

2. 做这件事的具体目标是什么？

____

3. 你为它付出努力了吗？如果付出努力了，具体做了什么？

（1）你为它而努力，最开始的想法是：______________

____

（2）你的具体做法是：______________________

____

（3）你坚持了多长时间：____________________

4. 最终得到更大提升还是中途放弃了？

____

5. 总结成功、失败或中途放弃的原因。

____

____

1. 计划管理确定目标和路径

计划管理为实现目标进行各方协调、安排目标实施的时间表以及合作方式。计划管理是对充满不确定而又有无限可能的未来进行预判，通过现状分析，发现各种机遇和挑战，制定可行有效的应对措施，从而实现目标。

2. 计划管理减少重复和浪费

当我们有明确的目标时，就会心无旁骛，不容易被外界诱惑干扰，从而减少不必要的重复和浪费。根据计划最优化地利用时间、人力和各种资源，从而达到事半功倍的效果。

（二）计划的类型

萧伯纳说："人生的真正欢乐是致力于一个自己认为是伟大的目标。"目标是人们生存和快乐的源泉，是计划产生的原动力，为了实现目标，我们会围绕目标制订各种计划，并根据计划不懈地努力。

了解计划的分类，有利于我们进行计划的编制。一般情况下，计划可按照时间、对象、使用频率、约束力进行划分。无论何种计划，都有明确的目标指向。从目标出发，根据需要，可制订不同类型的计划。

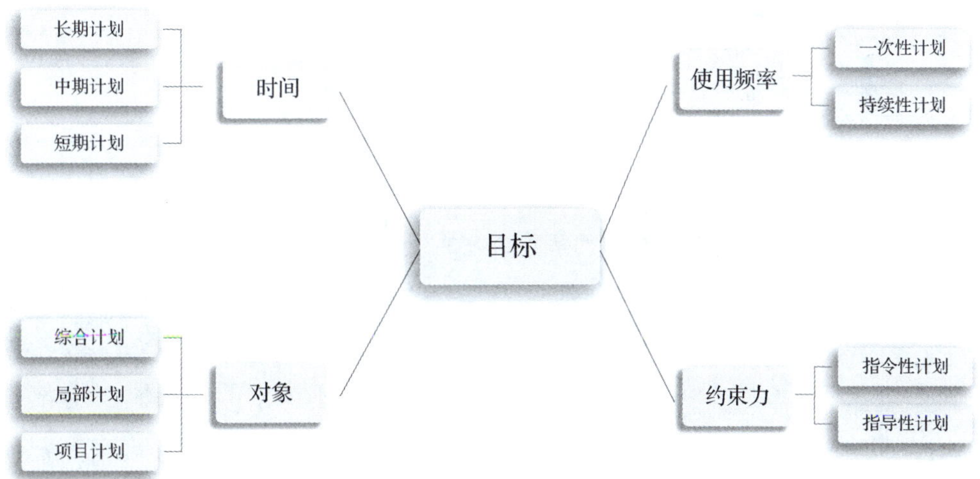

在众多分类中，日常学习生活最常用的是按时间、对象和使用频率分类的计划。

1. 按时间分类

按时间分类，计划可分为长期计划和短期计划。长期计划规定了在较长的时期内所从事的活动，以及长期要达到的目标。一般情况下，长期计划定义为 2 ~ 5 年，甚至能达到 10 年或者 10 年以上。

中期计划是指 1 年以上，不超过 2 年的计划。

短期计划具体规定了在较短时期内所从事的活动，以及短期要达到的目标。一般情况下，短期计划定义为 1 年或者短于一年的计划。

2. 按对象分类

按对象分类，计划可分为综合计划、局部计划和项目计划。综合计划指的是关联整体的、设计多目标多方面的计划，如 A 款汽车的研发和销售计划。

局部计划是指在综合计划基础上制订的限于指定范围的计划。一般情况下，局部计划是综合计划的子计划，是为达到总体目标的分目标而制订的，如 A 款汽车的中期改款计划。

项目计划是针对特定的项目而制订的计划，是落实到最细微处的计划，如 A 款汽车的后视镜研发计划。

3. 按使用频率分类

根据使用频率分类，计划可分为一次性计划和持续性计划。一次性计划是指为满足特定情况而设计的、仅被使用一次的计划，如某门课程考试达到 80 分以上的学习计划。

再次回顾“翻转课堂”中小妍的案例，请同学们思考两个问题：

1. 小妍制订的计划包括哪些类型？

2. 你认为小妍的计划可行吗？说说你的想法。

（三）计划管理的优先级

在我们的生活中，可能会同时制订多个计划，如在校学习期间制订学习计划、锻炼计划、兴趣养成计划等。在多个计划的实施过程中，难免会出现时间上相互冲突等问题，因此我们要对多个计划进行统一管理，进行各方面的协调，优化时间、人力及各种资源的利用，避免重复和浪费。想要做到优化管理，首先要学会划分计划的优先级。

我们上一课学到的四象限排序法在这里同样适用。结合四象限排序法并采取“近细远粗”的方法合理安排计划，将优先的计划尽可能制订得详细些并先付诸实施，而排在后面的计划可以稍微粗略些，并根据其他计划的实施情况和环境的变化做相应的调整。

明珠和威泷是某技师学院导游班的学生，今年12月将代表学校到青岛参加全国导游大赛，为此学校竞赛部制订了一系列的计划：

一是报名计划。为这两位同学拍摄证件照、生活照，准备学籍证明、身份证复印件，填写报名表等，并统一上传报名表。

二是选手训练计划。针对组委会的文件，安排指导老师对选手进行各项目的专业训练。

三是参赛服饰搭配计划。根据选手特点、赛会安排和职业特征，为选手挑选服饰搭配。

四是体能训练计划。体能训练旨在提高选手的身体素质，避免在比赛期间出现身体不适。

请为以上四个计划划分计划优先级。

二、计划的制订及实施

为确保目标得到落实，必须采用科学方法编制合理有效的计划。虽然计划形式多样，但是在编制中，都遵循相同的规律。

（一）编制计划

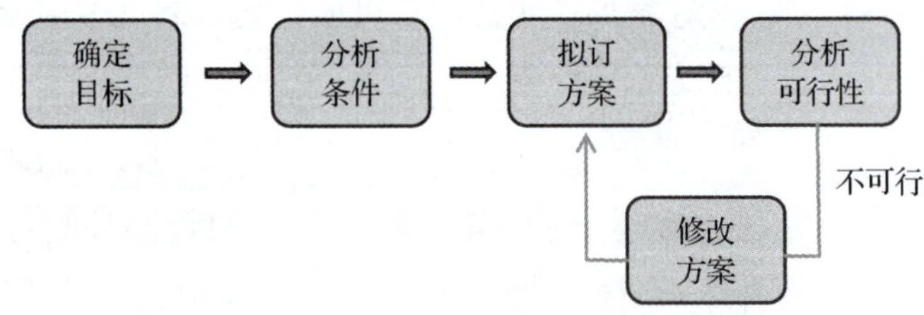

1. 确定目标

确定目标是编制计划的第一步。首先要根据自身意愿，明确目标方向，如技能训练目标、行为纠正目标、习惯养成目标等。其次要确定目标程度。以学弹钢琴为例，要确定是以达到十级为目标还是可以弹奏几首曲目即可。另外，尽管目标的制定带有较强的主观性，但必须考虑客观制约因素，要避免空中楼阁，做到脚踏实地，切实可行。

2. 分析条件

首先分析实施者自身的条件，评估自己是否有能力完成设定的目标。

晓文是数控加工专业的新生，对专业一无所知。他看到学长加工的一副国际象棋非常漂亮，于是下决心要在这个学期做一套十二生肖头像，比这副国际象棋更漂亮，让大家刮目相看。很可惜，晓文在学期末一个生肖都没有做出来。

晓文为什么没有把十二生肖做出来?

其次分析计划制订和实施的客观条件，在客观条件允许的情况下制订计划，才能使计划具有较强的可行性。

周正是广东某技师学院木雕专业学生，对各种雕刻都非常感兴趣。他在电视上看到了冰雕，就想要在学校创作一个属于自己的冰雕。冰雕练习需要有大量的冰和低温的工作环境才能开展，而在南方读书的周正，难以解决这个客观条件限制，因此目标难以达到。

3. 拟订方案

分析完计划背景，做到“心中有数”，才可以开始着手拟订方案。拟订方案就是要用文字的形式将计划表达出来，作为管理文件，以备实施者查阅和指导实施。

首先拟订主要方案。在拟订的过程中要清楚地确定“5W1H”的内容：

关于 ____________ 的方案

What（做什么）

Why（为什么做）

Who（谁去做）

Where（何地做）

When（何时做）

How（怎么做）

其次拟订派生方案。这是为了完成主要方案而产生的必要方案。一个主要计划可以派生出一个或多个派生计划。如拟订一个元旦晚会的方案，方案确定了节目形式，并规定了所有参演者是在校学生，那么这时候就会产生一个派生方案，即演出人员的筛选方案。

4. 分析可行性

方案拟订之后，不要急于实施，此时要分析方案的可行性。

分析可行性要注意几点：一是要认真考虑方案每一步的制约因素和隐患；二是考虑方案执行过程中可能出现的突发情况；三是要考虑

方案在执行后带来利益的同时是否带来损失。

分析可行性将带来两种结果：如果方案可行，则形成计划，即可付诸实施；如果方案不可行，则返回方案制订环节对方案进行修改，待修改再评估为可行之后付诸实施。

未来职业生涯的很多工作技巧都是在先前的学习和生活中锻炼出来的。如下面这个活动就可以锻炼我们的计划编制能力：

为了提高同学们的演讲技巧和表达能力，演讲与口才协会准备于下个月18日在学校西区小广场举办一场面向全校学生，主题为“我的生活阳光明媚”的演讲比赛，并为此制定了具体负责人员的分工：

前期宣传由李洁仪负责，包括制作海报，联系校园广播，编辑微信、微博推文等。

比赛灯光音响由孔贤明负责到校外找商家赞助。

稿件收集和审核由王小涵负责。

初赛视频由李鸿楷、于欣欣、孙丽金进行评审，确定决赛名单。

决赛场地由许晓佳负责布置，郑鸿龙负责现场调度。

决赛评委与嘉宾由李威泷负责邀请。

决赛主持为宋玲玲和周明珠。

决赛奖状和奖品由施佳敏负责准备。

颁奖嘉宾由裴仪锦负责协调。

比赛摄影摄像、后期报道由张嘉德负责。

比赛总指挥为邓科亮。

思考：

为了保证比赛的顺利开展，请对以上分工安排涉及的事项进行可行性分析，你认为应该考虑哪些方面。

（二）执行计划

执行计划是计划管理的关键。在计划的执行过程中，有很多方法可以使用，个人要根据自己的情况选择适合自己的方法，坚定信念，勇往直前，才能使目标早日达成。

1. 时间执行法

时间执行法是以时间为计算单位执行计划目标的方法，一般以天或者月为单位计算每个时间段的达成量，最终达成目标。例如，建立执行日志，在计划中规定每天的执行数量，每天用打钩的方式督促自己完成，最终达到目标。

2.效果执行法

效果执行法是指将计划分解为若干个步骤，每个步骤都设定具体的完成效果，最终达成目标。将计划分解，并在每一个过程都加入详细的效果考核，有利于保证目标的达成。如瓷器的制作计划可分解为选土、练泥、制坯、上釉、高温烧窑、彩绘、低温烧窑等步骤，每一步都必须进行效果考核，最终才能保证合格瓷器的出品。

（三）检查和调整计划

在计划执行中，往往会出现外界环境改变或者自身能力提升等情况，这时要根据情况的变化检查计划。特别是在遇到执行困难的时候，应停下来问问自己，要不要调整计划。如果需要，则在保持整体计划目标不变的前提下，根据具体情况并按照计划制订的方法做适当修改。

计划管理的误区

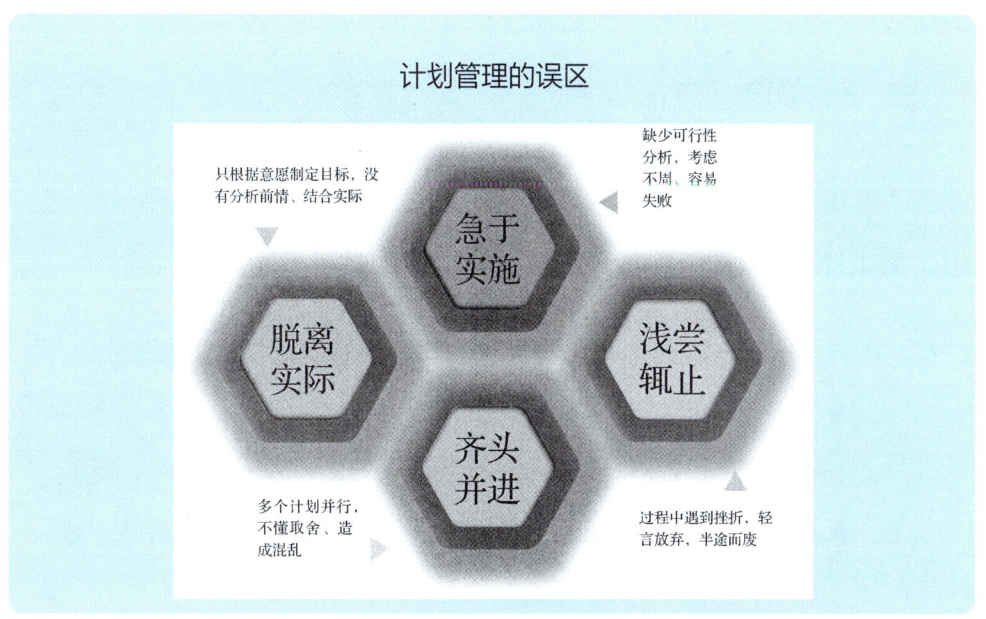

三、活动体验

小型团日活动体验

班级团支部计划分三组分别组织一次团日活动，然后每组推选代表向全班介绍本组的活动过程及体会。具体要求如下：

（一）活动阶段

1. 团支书、组织委员、宣传委员分别为三组组长。同学们自由报名，组成三组。

2. 按照所学知识，各组分别确定自己的活动主题（可以是篮球赛、足球赛、校园花草养护等）及活动意义，并制订活动计划。

3. 按照活动计划实施本组的团日活动。

（二）总结阶段

各组派代表发言：

1. 简述活动计划及实际活动过程及效果。

2. 简述本组在计划实施过程中遇到的困难或原计划的错漏问题。

3. 简述出现问题之后本组的解决方案。

4. 简述从活动中获得的体验。

（三）延伸阶段

通过活动过程和总结，重新制订活动计划。

四、知识拓展

提高计划执行力

当你准备睡觉的时候，突然想到还有一件事情没有做完，你会怎么做？你可能会想，今天太晚了，要不明天再做吧。你是这样做的吗？

所有人都知道应该做计划，但是做计划容易，执行难，那么如何提高计划的执行力呢？让我们来看看以下几个简单的方法，轻轻松松提高计划执行力。

给自己适当的奖励。坚持计划并不容易，我们需要学会自我鼓励。今天的计划完成了，给自己点个赞；一周的计划完成了，给自己买喜欢的零食；一个月的计划完成了可以请自己看一场电影。奖励自己是让计划坚持下去最直接的方法。

公之于众。将自己的计划公之于众，如利用微博、微信等社交工具公布，让你的家人、朋友，甚至陌生人都能看到，从而让自己心里产生无形的压力，你会想："现在大家都知道有这个计划，做不到岂不是很丢人？"这样会督促自己去执行。将计划进度经常向外界公布，也是一种借助外界环境的自我督促，自我督促越多，你就越有信心去完成计划。

赋予计划特定的意义。每次做完计划你可以思考并写下来，如果这个计划没有完成我将失去什么？反之，如果完成了我又能得到什么？给自己的行为加上"价值""意义""后果"之后会极大地增强执行力。

学会做计划，让你变成一个有方向、有重点、更自律的人，从今天开始，一起做计划吧！

探究活动

最优计划评比

一、活动目标

1. 深化理解如何合理安排时间。

2. 学会编制完整的计划。

3. 学会对计划进行反思和完善。

二、活动准备

1. 所需物品：大头笔、大白纸、彩色贴纸。

2. 评分表如下：

分组	A组	B组	C组	D组	E组
A组					
B组					
C组					
D组					
E组					
总分					

三、活动步骤

1. 任务：周末要举办班级活动（如郊游、球赛、主题营销、跳蚤市场等），请为本次活动编制一个完整的计划（编制计划时要注意当天时间的安排，做到时间最优化管理，按照一天的时间顺序进行编制）。

2. 分组：按照活动准备时的分组确定小组长、发言人和制作人。

3. 各组讨论，确定主题、编制计划，制订计划表，并张贴在黑板上。

________ 计划	
确定目标	
分析条件	
拟订方案	
分析可行性	
确定计划	

4. 各组发言人讲解本组计划。

5. 小组互评：发动评分投票，组内讨论后，由组长代表本组将唯一一票投给本组成员认定的最优秀小组（本组除外）。

6. 教师点评：教师将自己手里的一票投给自己认为最优秀的小组，并进行点评。

四、活动延伸

结合教师点评和本组的成果，写一份书面小结，反思计划编制中存在的不足并提出改进方法。

第三单元

情绪与心态

怒不过夺，喜不过予。

荀子

蚂蚁搬家却被石头挡住去路，花了一整个上午才成功翻越。

有人这样想：蚂蚁真可怜，个子那么小，被石头欺负。于是，觉得自己也像蚂蚁一样软弱无力，悲惨兮兮。

也有人这样想：小小蚂蚁太厉害了，为了达到目标，坚持不懈。蚂蚁可以，我也可以！于是，自己怀着满满的正能量向梦想前进。

同一件事，为什么有不同的想法？你感受到情绪和心态的力量了吗？

我们都想要积极的情绪和良好的心态，该如何做到呢？消极的情绪和不良心态出现时，又该怎样调整呢？

第一课 学会管理情绪

学习目标

1. 能理解情绪管理的内涵和方法。
2. 能调整消极情绪和培养积极情绪。
3. 能增强情绪管理的意识。

翻转课堂

本课导读

学会管理情绪

阅读案例，并回答问题。

宋萱来到技师学院就读。她很努力地适应新环境，上课认真学习、积极参加班委工作，每周末都神采飞扬地向家人汇报校园生活。

但慢慢地她有些迷茫了：英语课，因为怕口音重，不敢开口练习；绘图课，因为怕画不好，每次都觉得压力很大；还有计算机课，密密麻麻的代码让她头疼。恰巧同桌是个学霸，漂亮活泼，各门功课优秀，刚过一个月就被老师选中成为下学期的技能大赛选手。“为什么别人看起来轻而易举就能把事情做好？我也很认真去学习，但就是学不好，是不是我太笨了？”宋萱这样想。

宋萱愁眉苦脸，在朋友圈里写下：“心情好差，无以言表。”

思考：

1. 宋萱“心情差，无以言表”的情绪，你有过吗？你会怎么描述这些情绪？

2. 这些情绪对你有怎样的影响？

一、情绪和情绪管理

（一）认识情绪

情绪是人对客观事物是否满足自己的需要而产生的态度体验。面对同一客观事物，由于人的需求不同，体验也不一定相同。例如看到满地金黄的落叶，有的人体验到凋零和凄凉，有的人体验到成熟的喜悦。一般来说，如果客观事物能够满足需要，则会引起积极情绪，比如快乐、愉悦、兴奋等；如果客观事物不能满足需要，则会引起消极情绪，比如悲伤、愤怒、焦虑等。

请你列举出表达情绪的词汇，并将其进行归类，看谁列举得最多。

积极情绪	消极情绪

人的情绪非常复杂，往往同时体验到多种情绪，但是喜、怒、哀、惧是心理学家公认的人类基本情绪。

请一位同学任选上述几种情绪词汇进行表演，其他同学观看并猜测表演的是什么情绪。

人们通常用面部表情、身体动作和姿势、语音语调来共同表达情绪。面部表情是最直观的情绪表达，人的面部表情主要表现为眼、眉、嘴、鼻、面部肌肉的变化，微微的表情变化也许就意味着不同的情绪。身体动作和姿势往往也能表达情绪，例如有人紧张的时候会不停搓手。语音语调也可以很直接地表达情绪，例如激动时语调高亢，语速飞快。

美国心理学家保罗·艾克曼花了40多年的时间研究人的表情和肢体语言。他到过很多地方去观察人的表情，比如巴西、阿根廷、印度尼西亚、日本等。他甚至在巴布亚新几内亚的丛林部落里生活了三年。那里与世隔绝，当地人甚至从未照过镜子，从未看过自己的脸，但他们能准确地判断艾克曼带来的照片上的人处于什么样的情绪状态。

大量的研究证明，人反映愉快、惊奇、愤怒、厌恶、恐惧、悲伤、轻蔑等情绪的表情不存在文化差异，即不同文化的人都存在这些情绪，表情也基本一致。

情绪无好坏之分，所有情绪都有其意义，所有情绪体验都能增加生活的丰富性，但是由情绪引发的行为及行为的后果有好坏之分。因此，情绪管理不是要驱除或者压抑情绪，而是寻找有效方法，疏解情绪，调整情绪的表达方式。

非洲大草原上有一种吸血蝙蝠，它们依靠吸食动物血生存，经常叮在野马身上吸血。被吸血蝙蝠叮上的野马会暴怒和狂奔，而吸血蝙蝠会淡定地喂饱自己才离开，但是许多野马却死了。是蝙蝠吸血过多吗？不！动物学家研究发现，吸血蝙蝠所吸食的血量对野马而言是极少的，野马死亡的原因是激烈的情绪反应致使其狂躁，流血过多。人们把这称为“野马结局”：因小事而大动肝火，因别人的过失而伤害自己的现象。

（二）情绪健康的标准

情绪健康不仅涉及对自己情绪的评价和调控，还包括对他人情绪的应对。情绪健康应该表现为：

1. 情绪基调是乐观、积极、稳定的。对于现状和未来，应该是充满激情，哪怕遇到挫折，也能够发现和想出应对方法，以慢慢达成期望，获得平和情绪。

在古诗词中，经常有诗人借诗词抒发情绪，表达感情。请品读以下两句诗词，并分享更多能够给你带来积极情绪的古诗词。

长风破浪会有时，直挂云帆济沧海。——李白

路漫漫其修远兮，吾将上下而求索。——屈原

____

____

2. 情绪反应适度。在喜怒哀惧等情绪发生时，能根据时间、场合、对象进行适度调整，尽量做到不夸大、不压抑、不幼稚、不冲动。例如，乐极生悲就是反应过度的体现。

3. 对情绪具备一定的调控能力。能够分析、理解和调控自己及他人的情绪，以保持情绪的基本稳定，并能在需要的时候，及时寻求帮助。

4. 社会情感发展良好。社会情感包括理智感、道德感、美感等，能够有一定的洞察和理解社会的能力。

回想最近一个月你的情绪是开心？悲伤？愤怒？

请你给自己整体的情绪打分。

满分 100，分数越高，代表你的情绪越稳定、乐观。

我的情绪分数：____________________

我的理由：1. ______________________________

2. ______________________________

3. ______________________________

（三）情绪管理的重要性

有人曾说：你可能每天只用一分钟来管理自己的情绪，换回来的却是高效的工作和幸福的人生。我们正处青春期，情绪感受强烈，我们需要重视情绪管理。

一个男孩很爱发脾气。他的父亲告诉他，每发一次脾气就在木桩上钉一个钉子。第一天，男孩钉了40根钉子——原来自己的脾气那么大；第二天30根……慢慢地男孩能够控制情绪，钉钉子的数量也逐日减少。

过了一段时间，父亲告诉男孩，从现在开始每当他可以控制不发脾气时，就拔掉一根钉子。终于有一天，男孩高兴地告诉父亲，钉子都已经拔完了。父亲语重心长地告诉他："孩子，你做得很棒！但是你看看这些小孔，就像你发脾气时做的事、说的话，将永远留下难以弥补的伤痕。"男孩听了，更加明白不能控制情绪带来的伤害。

1. 做好情绪管理有益于生理健康

心宽体胖的意思是心胸开阔舒畅，体貌泰然安详。如果情绪是积极的、轻松的、愉悦的，那么身体器官的各项功能将会听从大脑指令，协调运转。但是如果情绪持续不安、紧张、抑郁等，个体不断地遭受到不良情绪的反复刺激，那么日积月累，身体将会产生一系列的改变，造成功能紊乱。例如，过度焦虑会导致内分泌系统失调。

2. 做好情绪管理有益于提高学习效率

在篮球赛前，队员们往往会聚集围圈大声喊出自己的口号以振士气。良好的情绪有助于人们激发潜能，发挥水平，而不良的情绪则会成为人们成功的绊脚石。当你郁闷不快时，你对学习是提不起兴趣的；当你焦躁不安的时候，你是无法集中注意力的。因此，要想有较高的学习效率，就要保证有愉悦的、平和的、积极的情绪。

特别地，很多学生会出现考试焦虑，这也是情绪管理不当的体现。有学生在考前会过度焦虑，出现睡不着觉、尿频、手心出汗等状况，这时候就需要放松，找到释放焦虑情绪的方法。但是如果考前一点焦虑都没有，也不利于集中注意力，全力以赴备考。因此，把握好焦虑的程度，管理好情绪，才能考出最佳成绩。

耶克斯－多德森定律揭示了动机水平（与感兴趣程度和焦虑水平正相关）与效率之间的关系，如下图所示。根据此定律，无论学习内容的难度如何，动机水平和学习成绩呈倒U形曲线，即动机过低表现出的低焦虑水平不能激起学习的积极性，过强动机表现为高度焦虑和紧张，也会使学习效率降低，只有适度的动机水平，对学习保持兴趣和适度的焦虑才有助于学习效率达到最佳。由此可见，焦虑并不是一无是处的，它也可以有“好”作为。

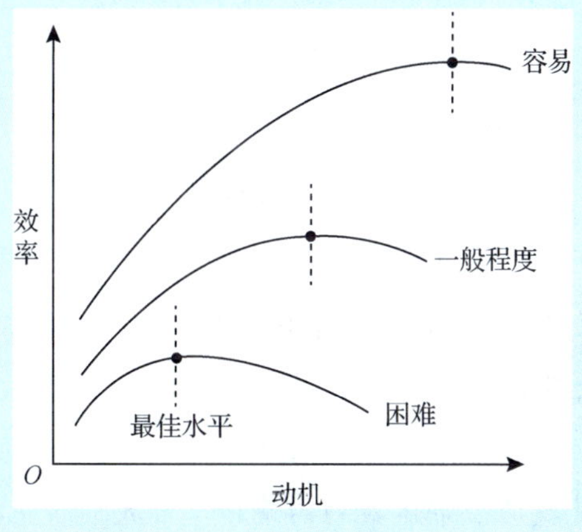

3. 做好情绪管理有益于保持良好的人际关系

人总是希望阳光相随，而不是乌云密布，没有人喜欢跟一个整天怨天尤人、情绪低落的人交朋友。乐观、热情的人总是能很快地交到朋友，并深受朋友的喜欢；而自卑、压抑、易怒的人总是被人疏远。

亲情和友情的纽带也会因情绪激动而绷紧。在人际关系中，理智地管理情绪，对自己负责，对他人尊重，适当地表达自己的情绪，才能收获良好的人际关系。

如果你和好朋友约好了一起外出，约定了集合的时间和地点，但是迟迟不见好朋友出现。当你电话联系他时，他说忘记了。此时的你是什么样的情绪，你会如何表达你的情绪？

在人际关系方面，情绪管理除了涉及对自身情绪的管理，还包括能发现他人的情绪，并在客观分析的基础上，给予恰当的情绪反馈和互动。当你的好朋友遭遇挫折时，他需要什么？是要和他讲“苦尽甘来”的道理吗？也许，能够陪伴在他身边，给予他一个充满力量的拥抱，表示理解，就胜过千言万语了。

二、做情绪的主人

亚里士多德曾说：“任何人都会生气，这没什么难的。但要以适当方式对适当的对象恰如其分地生气，可就难上加难。”因此，我们不仅要认识不良情绪给我们的生活和学习带来的危害，更要学会调整消极情绪和培养积极情绪。

愤怒是我们经常体验到的情绪。当我们所重视的东西受到威胁、阻碍或者破坏的时候，这种情绪就出现了。不少人处于愤怒的情绪中时，常有两种行为：生闷气或者使用暴力。这两种行为都不利于我们的身心健康，更会对他人造成不良影响。

那么应该如何管理愤怒情绪呢？当你生气或愤怒的时候，试着让自己停一停，先问自己以下几个问题：

问原因

- 我为什么生气？
- 事情为什么发生？

找方法

- 我有做得不妥的地方吗？
- 我如何做，才可以既表达自己的愤怒，同时又不给自己带来无助和无能感？
- 我如何做，才可以不攻击他人？

明预期

- 生气能解决问题吗？
- 如果我直接表达我的愤怒情绪，会有什么样的后果？
- 如果发怒于事无补，我可以采取其他什么方式？

（一）调整消极情绪

当客观现实没有满足我们的主观意愿时，我们会体验到消极情绪。例如，你去参加学生会面试，期望可以获得入选资格，但是却落选了，你会感受到失落、不开心、自卑等情绪。那我们是任由消极情绪泛滥，等待时间来治愈吗？不，我们可以做更多。

1. 坦然面对，接纳消极情绪

每个人都不喜欢消极的东西，包括消极情绪。但是我们不得不承认，消极情绪不可避免。虽然不可避免，但我们也不能任之侵蚀心灵。掩盖它或者逃避它都不会有实质的效果，反而会加重消极情绪。我们应该坦然承认消极情绪的出现并接纳它。

实际上，消极情绪是很好的信号发射器，它告诉我们“遇到问题了”。如果我们愿意接纳消极情绪，通过三个步骤，做些改变，那么消极情绪就会退去，积极情绪将取而代之。

比如，当你妒忌室友的曼妙舞姿时，你可以对自己说："她跳得真好，我的确妒忌她。虽然我不喜欢妒忌，但是妒忌实实在在地发生了。虽然目前我还不能跳得比她好，但这并不代表以后不能。我要刻苦练习，努力赶上她的水平。"或者对自己说："每个人的长处都不一样，潜力更不相同。×× 方面我就比她好。我要努力保持这方面的优势。"这样一来，妒忌就转变为羡慕，成为你进步的动力。

重新梳理最近你体验到的消极情绪，并从中找到它的积极意义。

我体验到了<u>孤独</u>，原因可能是<u>这段时间大家忙于考试而疏于联络</u>，是时候<u>主动出击，积极联系久未联络的朋友了</u>。

我体验到了______，原因可能是____________________，是时候____________________。

我体验到了______，原因可能是____________________，是时候____________________。

2. 就事论事，限制消极范围

消极情绪出现时，我们会发现身边的人和事物都是灰暗的：老师讲课枯燥、作业难做、同学不好相处，甚至觉得教室旁的树都碍眼。如果任由消极情绪泛滥，不仅影响身心健康，还会给人际关系带来困扰，降低工作学习效率。因此，消极情绪产生后，我们要就事论事。只针对客观事件，不将情绪辐射至事件外的人和事物。

刘星和曾奕是室友，今天轮到她俩打扫教室，因为社团有事，刘星跟曾奕说了一声就先走了，曾奕一个人边干边埋怨。

曾奕回到宿舍，嘟着个嘴，阴着张脸，室友们都感到气氛不妙，不敢靠近。为了缓和气氛，室友提议晚上一起吃晚饭，然后一起去图书馆，曾奕却故意挤兑刘星，弄得刘星不好意思。晚上刘星与妈妈通电话，曾奕又故意把音乐开得很大声。

刘星忍不住了，询问曾奕究竟是怎么了。曾奕挖苦道："呦，你这大忙人终于有时间关心我是怎么想的了。可是我现在没时间，要睡觉了。说完就假装蒙头睡觉去了。"

思考：

1. 曾奕产生了哪些消极情绪？她是怎么处理的，有哪些不恰当的地方？

2. 如果你是曾奕，面对突然有事要让你一个人完成轮值工作的刘星，你会怎么处理？

3. 正面思考，改变消极认知

合理情绪理论认为：使个体产生消极情绪和不良行为的并不是事件本身，而是对事件的不正确的认知，包括对事件的解释和评价，如下图所示。因此，要调整消极情绪，就要从调整认知入手。

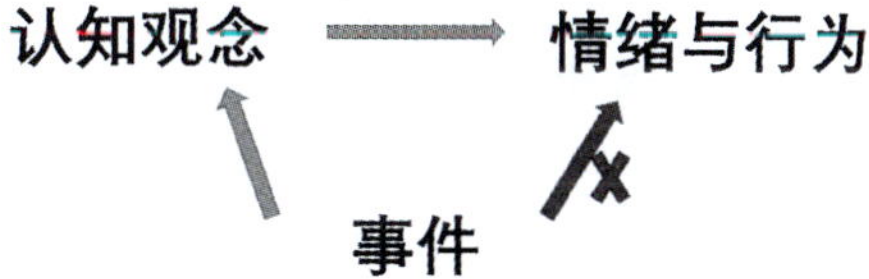

合理情绪理论对情绪与行为产生原因的解释

两个秀才同去赶考，半路上刚好遇到一支出殡的队伍。看到黑乎乎的棺材，两个秀才心情低落。

一个秀才说："完了完了，赶考的好日子居然碰到倒霉的棺材，我们肯定是考不上了。"另一个秀才想了想，对他说："兄台差矣，我们是为官之材，碰见棺材也是理所应当。"于是，两人心情都平复下来，在考场上奋笔疾书，文思如泉涌，一起中了举人。

每个人的认知中都有合理的思维和不合理的思维。大部分的情绪困扰都来自不合理的思维。个体在遇事后产生的信念大多是自动化的思维，平时很难被觉察。若人们长期存有不合理思维，就会导致越来越严重的不良情绪以及不适当行为，最终导致心理障碍。不合理思维主要有三个特征：绝对化要求、过分概括、糟糕至极。

（1）绝对化要求。这是指以自己的主观意愿为出发点，认为某事物"必须""应该""一定要"发生。例如，我必须要得到所有人的喜欢。当事物按照其客观规律发展，而与主观意愿相左时，他就会感到无法接受。

每个事物都有其客观规律，我们无法要求所有的事情都按照自己的主观意愿来发展，但是我们可以发挥自己的主动性去尝试做些改变。

（2）过分概括。这是指以偶尔或某几件事来评价整体。例如，我看到小张有一次爆粗口，就断定他肯定是个没素质、没教养、没文化的人。

只看表面或者局部，就如一叶障目。我们要用全局的、发展的眼光看问题。

（3）糟糕至极。这是指认为如果发生一件不好的事情，不论原因，那将是天要塌下来的可怕和糟糕。例如，我的期末考试都没过，补考更过不了了。

任何事情都有其积极的一方面，换个角度我们也许就可以找到它。如果你实在无法找到，请务必去寻求师长和朋友的帮助。

心理学家艾利斯通过临床观察，总结出11类日常生活中常见的产生情绪困扰的不合理思维：

（1）一个人绝对要获得周围环境尤其是生活中每一位重要人物的喜爱和赞许。

（2）个人价值存在与否，完全在于他是否是个全能的人，即是否能在人生中的每个环节和方面都有所成就。

（3）世界上有些人很邪恶、很可憎，所以应该对他们做严厉的谴责和惩罚。

（4）如果某事结果非自己所愿，那将是一件可怕的事情。

（5）不愉快的事情总是由于外在环境因素所致，不是自己所能控制和支配的。因此，人对自身的痛苦和困扰也无法控制和改变。

（6）面对现实中的困难和自我所承担的责任是件不容易的事情，不如选择逃避。

（7）人们要对危险和可怕的事随时随地加以警惕，应该非常关心并不断注意其发生的可能性。

（8）人必须依赖别人，特别是某些与自己相比强而有力的人，只有这样，才能生活得好些。

（9）一个人以往的经历常常决定了他目前的行为，而且这种影响任何时候都难以改变。

（10）一个人应该关心他人的问题，并总为他人的问题而悲伤、难过。

（11）对人生中的每个问题，都应有一个唯一正确的答案。

在平时的生活中，我们要常梳理自己的思维，多正面思考，对于不合理认知，一旦发现，要及时纠正。参照下表内容，写下一些你认为的不合理认知并尝试正面思考。

识别不合理认知	分析特征	正面思考
我这次考高级工证没通过，恐怕以后也很难通过	糟糕至极	立即梳理原因，请教老师，积极准备下次考试

4. 寻找出口，释放消极情绪

很多人信奉“时间是治愈一切的良药”，然而却积郁成疾。消极情绪产生后，我们可以充分发挥主观能动性，使消极情绪得以疏解或者缓解。

第一，进行适量运动。让身体动起来，不仅有助于释放多余的精力，保持身体健康，还可以促使人体分泌“快乐素”——内啡肽，产生愉快的感觉。

在运动的过程中，可以忘却心烦的事情；在运动之后，个体也能更积极、更主动。那么如何正确运动才能释放情绪呢？

（1）定期运动

每周最少运动3次，并且每次运动不能少于20分钟。特别是平时不运动的同学，一定要循序渐进，不能过量运动，否则只会让自己筋疲力尽。只有定期运动，才能收获运动带来的愉悦。

（2）运动的方式要适合自己

选择适合自己体质和自己感兴趣的运动很重要。有的人喜欢篮球，有的人喜欢瑜伽，有的人喜欢游泳，有的人喜欢爬山……根据自己的体质，选择一项你感兴趣的运动坚持下去。

（3）集体运动效果更佳

如果不是特别排斥与人一起运动，那么结伴运动效果会更好。有研究结果显示，群体一起运动往往能起到督促的作用，比一个人运动往往更能持久。如果你希望一个人运动，那么可以用打卡的方式，比如运动完发个朋友圈。

第二，参加感兴趣的活动。做你喜欢的事情，画画、唱歌、打球、看电影等，让注意力先从消极事件中转移出来，集中于愉快的事情，等情绪平稳再集中注意力思考，或许可以有不一样的想法。此外，参加活动还能使自己远离空虚的状态，而在活动中获取的正面反馈可以带动情绪的变化。

第三，调节饮食。一些食物富含特殊成分，有助于改善情绪。研究发现，香蕉富含能助人产生愉快感的5–羟色胺，它可以减少不良激素的分泌，使人快乐、安宁。

第四，倾诉消极情绪。倾诉烦恼可以使自己思绪清晰，同时可以从那些愿意倾听你的人那里获取意见。很多时候倾诉了那些困扰自己的事情，心情也会好许多。我们可以找朋友、家人，甚至心理咨询老师倾诉困扰。

但是倾诉不等于抱怨。“我很讨厌小张，因为他总是在宿舍里面大声打电话，大声唱歌。”这是抱怨。抱怨的主要目的是批评，这样不利于解决问题，反而会传染你的负面情绪。“小张常常在宿舍里大声打电话，大声唱歌，这种行为让人不愉快，也许我们可以找他谈谈。”这是倾诉。倾诉是真实地说明问题，就事论事，不指责，主要目的在于寻求解决困扰的方法。

请对照调整消极情绪的4种方法，回顾过去，你使用过其中的哪些方法？如果使用过，请评价其效果如何，并分享你用过的其他有效方法。

方法	是否用过	效果如何
适量运动		
参加感兴趣的活动		
调节饮食		
倾诉消极情绪		
其他方法		

（二）培养积极情绪

做好情绪管理不仅要减轻和疏解消极情绪，更重要的是要培养积极情绪，过快乐的生活。

1. 善于感受积极情绪

很多人的生活并不是没有喜悦的事情，而是缺乏一颗发现快乐的心。因此，我们需要增强对快乐之事的“嗅觉”，提高体验快乐的能力。

心理学家罗伯特·埃蒙斯通过试验发现“感恩干预”能增进积极情感。他将参与者随机分组：第一组参与者每周记录 5 件体验到感恩的事情；第二组记录每天的麻烦事；第三组记录中性的事情。连续 10 周，所有的参与者都需要记录下对生活的整体感受、对下一周的期望，并对每周的社交关系进行评估。

试验结果表明：与第二、第三组相比，第一组参与者对生活普遍感觉更加良好，对未来一周感觉更乐观，与他人的关系感觉更亲密，获得了更多的积极情感，消极情感减少了。

2. 营造积极快乐的氛围

人并不是因为快乐才笑，而是因为笑了才快乐。因此，在平时的言行中，我们可以给自己更多的积极暗示，阅读好书、欣赏美丽的绘画、听快乐的歌曲、举止平和喜悦、言词积极向上，使自己处于积极的磁场内。

可以从哪些方面着手营造积极的班级文化？

3. 学会记忆积极事物，遗忘消极事物

心理学家芭芭拉·弗雷德里克森认为消极情绪给人的影响有时比积极情绪更明显。它可以迅速把人拉入一个恶性循环，削弱人们对未来的期望。为了获得积极情绪，人们需要更多地接触或回忆能引发积极情绪的事物。

时隔一年，小烨终于拿下电工高级工证书。她欣喜若狂，翻出陪伴自己度过这段艰难岁月的手账本，深深一吻。手账是去年她没能考取高级工证，失落无处宣泄时开始记录的，也是她与自己的“对话机”。里面记录着她一天天的努力，每当没有信心的时候，她拿出来翻看这些沉甸甸的努力，很快就能重新充满学习和生活的动力。

选择主动关注和记忆那些积极的事物，主动遗忘消极事物，不沉溺于消极的沼泽，这并不是抹杀失败或者伤痛带给我们的教训，而是从伤痛中振作和成长，让我们有更多的精力去接收和体验积极情绪。

三、活动体验

不同的情绪表达可以带给人不同的感受，这在人际交往中体现得更为淋漓尽致，让我们一起来感受吧。

（一）活动阶段

1. 将桌椅撤到教室的四周。

2. 请全班同学在教室中间空地随意站立，其间保持安静，按老师的指引行动并仔细体会过程。

3. 老师按以下顺序发布指令：

（1）脸朝天花板，面无表情地随意走动，遇人转开。

（2）脸朝自己的脚尖，面无表情地随意走动，遇人转开。

（3）眼看他人脸，面无表情地随意走动，遇人走开。

（4）眼看他人脸，面带微笑，随意走动，遇人点头。

（5）眼看他人脸，面带微笑，随意走动，遇人握手。

（6）眼看他人脸，面带微笑，随意走动，遇人握手，心中说："我欣赏你。"

（7）眼看他人脸，面带微笑，随意走动，遇人握手，心中说："你很棒！"

（二）总结阶段

1. 你最喜欢哪一个指令？

2. 当大家都面无表情地随意走动时，你是否感到不自在？

3. 与别人相遇，若别人主动跟你点头或握手，你是否很感动？

4. 从这个活动中，你体验到情绪的表达和互动吗？对你的人际交往有什么帮助？

（三）延伸阶段

就你喜欢的两个指令，与你的同学或者你的家人进行互动。

四、知识拓展

呼吸减压法

当你考试焦虑时，当你面试紧张时，当你上台演讲脑子一片空白时，不妨在事前尝试用呼吸减压法让自己冷静下来，然后集中精力完成任务。呼吸减压法是通过调整呼吸，用生理节奏去影响心理状态的方法。为了呼吸减压法更好地发挥作用，你需要在平时多加练习。练习时，尽量减少其他干扰因素，可将手机调成静音。初始练习需完整重复以下步骤至少 10 次。当你熟练后，可以逐渐减少练习次数。

第一步：保持坐姿，挺直上身，身体向后靠，稍微放松束腰的皮带或者紧身的衣物。

第二步：将双手放在肚脐上，要求五指并拢、掌心朝内。

第三步：深呼吸——缓慢地吸气，想象自己的肚子是一个大气球，这个大气球正慢慢地被气体填满。随后慢慢地呼气，保持腹部放松的状态。尽可能地拉长吸气和呼气的时间，将注意力完全集中到腹部的起伏上，深呼吸 3 ~ 5 次。

第四步：站立，自然放松。两臂置于身体两侧，自然下垂。深吸气，手心相向，向内向上移动，将手臂提升至胸前。深呼气，双手向两侧打开，延展成一字形。深吸气，将双手握紧。深呼气，将双手缓慢张开，并自然落下，置于身体两侧。重复此步骤 3 ~ 5 次。

第二课　培养良好心态

学习目标

1. 能自觉培养良好心态。
2. 能发现自身心态方面的问题，并做出正向调整。
3. 能提升心态的乐观水平。

翻转课堂

本课导读

培养良好心态

- 心态和心态管理——第 90 页
  - 认识心态
  - 做好心态管理
- 做一个乐观的人——第 92 页
  - 发挥榜样的力量
  - 不断提高自信心
  - 学会正确归因

阅读案例，并回答问题。

小风是个开心果，走到哪里，笑声跟到哪里，班里的同学们都很喜欢他。小风学习成绩好，动手能力强，性格开朗，还经常主动帮助同学们。小风唯一的不好就是总把时间安排得很满，每次同学们组织周末活动他都无法参加。原来，小风课后时间不仅参加了校内的勤工俭学，周末还在校外做兼职。

有些同学好奇，问他：“你那么缺钱吗？”小风都是笑笑说：“少壮不努力，老大徒伤悲呀。靠自己的双手挣钱可以减轻家里的负担，又可以锻炼工作能力，积累工作经验，何乐而不为呢？”

直到毕业典礼，小风的父母出现，大家才恍然大悟。原来，小风的父母因为交通事故下肢都不能行走，仅靠大姐打工和父母做些手工活支撑一家人的生活和小风的学业。

同学们很心疼小风，特别是室友小轩，除了小风去兼职，其他时间两人都是形影不离的。小轩说：“平时看你乐呵呵的，生活那么艰苦，怎么都没听你抱怨一声。”小风笑呵呵地说：“抱怨能解决问题吗？既然难关出现了，我积极打怪闯关就是了。你看，我不是也很好地完成了学业，还攒了那么多的工作经验吗？最近，我还找到了一份好工作。”

思考：

小风在面对家庭困难时，是怎么样做的？

一、心态和心态管理

（一）认识心态

李强和同学去爬山。到半山腰的时候，不少同学看着山顶惆怅，认为还需好久才能爬到山顶，体力一定无法支撑，因此决定放弃登山。李强看着山顶却异常兴奋，认为只剩下一半的路途就可以登顶了，于是选择继续坚持，最终成功登顶。

李强到达半山腰时，一定也是很疲惫的，心中或许闪过放弃的念头。但当看到山顶，他就兴奋起来，放弃的冲动就退居次要甚至消失。李强登山的过程，有一系列暂时的心理活动，同时又反映出他一贯拥有的较强意志和不畏艰难、不轻易从众的个性特征。这就是李强登山时的心态。每个人在一段时间之内都有一定的心态。心态是心理活动的综合反映。

苏格拉底是单身汉的时候，和几个朋友一起住在一间只有七八平方米的小屋里。尽管生活非常不便，但是，他一天到晚总是乐呵呵的。

有人问他："那么多人挤在一起，连转个身都困难，有什么可乐的？"

苏格拉底说："朋友们在一块儿，随时都可以交流思想，交流感情，这难道不是很值得高兴的事吗？"

过了一段时间，朋友们一个个相继成家了，先后搬了出去。屋子里只剩下苏格拉底一个人，但是他每天仍然很快活。

那人又问："你一个人孤孤单单的，有什么好高兴的？"

"我有很多书啊！一本书就是一个老师。和这么多老师在一起，时时刻刻都可以向它们请教，这怎能不让我高兴呢？"

（二）做好心态管理

1. 寻找希望

生活中既有开心愉悦，也有压力挫折，你能感觉到吗？但是，不管身处顺境还是逆境，身边总会有美好的事物等待我们发现，可能是路上的美丽景色，可能是节日里装饰一新的校园，可能是同学的一句关心话语，也可能是老师对你的微笑和赞许。美好就是美好本身，不要想得过于复杂，敞开心扉接纳和欣赏就是勇敢的表现。烟花虽然易冷，但只要有心追寻，就总能看到下一次绽放，那恰是你心中的希望。只要常怀对未来的期待，生活总会给你惊喜，引导你走向正确的方向。

三国时，曹操曾在盛夏率军长途跋涉。当时天气炎热，士兵们口渴难耐，不知到哪里才能补给饮水，速度越来越慢，军心不稳。曹操看到这样的情形，便大声对士兵们说：“前面有个大梅林，里面的梅子又酸又甜，可以解渴。”士兵们听了曹操的话，军心大振，怀着对梅林的渴望，坚持行军到有水的地方。

思考：

如果没有“前面有个大梅林”的希望，曹操军队会有怎样不同的遭遇？

2. 开阔心胸

每个人都是独特的，而我们接触到的人却可能来自天南地北，生活习惯、兴趣爱好、对事物的认识、处理事情的方式都会有大大小小的差异。开阔心胸，能够帮助大家和平共处，合作共赢。

首先，我们要做到接纳他人与自己的不同之处。同学之间需要共享宿舍，学习方面还会结成小组，社会事务中也需要许多协作，相互间不习惯乃至发生矛盾都在所难免。这种情况下，不断挑剔只会徒增烦恼。

聚宝盆：用下面的方法分享室友的五个小特点，可以是同一个室友，也可以是不同的室友。

我的室友虽然 慢条斯理 ，但是 他会把寝室打扫得窗明几净 。

我的室友虽然________，但是________________________。

我的室友虽然________，但是________________________。

我的室友虽然________，但是________________________。

我的室友虽然________，但是________________________。

其次，我们要正确看待自己有不如人之处的现实。每个人和周围人相比总有自身的优势和劣势，切忌总拿自己的劣势与他人的优势相比较，因为这易产生自卑或敌视他人的心理。我们应该乐见他人的优势和成功，并不断向他人学习。一个人不能总和处处不如自己的人为伴，这样会阻碍自身的进步。遇到比自己学识高、经验丰富的人，就要虚心求教，大可不必因为对方年龄小、地位低，或是一时的态度和行为对自己不够重视，就觉得向对方学习丢面子、伤自尊。

3. 善待世界

人与人、人与自然相处互动，存在许多矛盾和冲突。怎样才能保持和谐相处，使事务向积极方向发展？这需要我们不断提高自己的品德和性情修养，善待周围的人和事。珍惜亲情和友谊，珍爱草木和动物，常把感谢挂嘴边，常将感恩记心间，带着这样良好的心态，世间将处处有美好。

二、做一个乐观的人

（一）发挥榜样的力量

“教诲是条漫长的道路，榜样是条捷径。”做一个乐观的人，我们不妨从发挥榜样的力量入手。

历史人物、各行业楷模、社会杰出代表都是力量的源泉。例如，北宋大文豪苏轼虽然多次被贬，但仍豁达开朗就很值得我们学习。我们可以通过品读名人传记，阅读榜样作品，让他们的乐观精神感染我们，成为我们成长路上的灯塔。

朋辈榜样的力量同样不可小觑。因为朋辈榜样正是成长于类似环境的同龄人，因此我们从他们身上汲取的感召力会更强。例如，屡败屡战的技能大赛选手、敢打敢拼的篮球队长。身边乐观的朋辈榜样就是我们攻克难关的助推器，他们鲜活的事迹告诉我们，他们可以，我们也一定行。

2020年，新冠肺炎肆虐全球。疫情严重时，武汉作为我国抗疫主战场，建立了方舱医院。为阻断传染，成百上千的病患集中在这里隔离治疗。这样特殊的环境下，患者们能否保持乐观心态配合治疗是关键。于是，我们看到了方舱医院里的健身操、广场舞，领头的白衣天使们，穿着臃肿的防护服，反而成了最可爱的人。这里的患者最清楚医护人员的艰辛，当他们在繁重工作之外还带领病友们做操和跳舞时，久违的笑容重回大家脸上。

你还记得那些拿着国旗、唱着歌跳着舞的医护人员吗？这歌声和舞姿，通过网络传递给你怎样的感受？

（二）不断提高自信心

1. 正确看待自己

除了榜样在前给予我们指引，做一个乐观的人还需要不断提升自信心。

一个盲人、一个聋人和两个耳聪目明的正常人，四人结伴同游，路遇一处地势险恶的峡谷，谷底是湍急的水流。

第一个过桥的是正常人，他说：“我过我的桥，险峰与我何干？激流与我何干？我只管注意脚下的稳固即可。”于是，他大胆地走上铁索桥，成功横渡。

第二个尝试的是盲人，他说："我眼睛看不见，不知山高桥险，心平气和地过桥就是。"只见他一步步踏实地往前走，也成功过河。

第三个聋人也成功过河了，他说道："我耳朵听不见，不闻脚下咆哮怒吼，恐惧相对减少很多。"

最后过桥的是耳聪目明的正常人，他战战兢兢地走上铁索桥，看着险峰，听着河流咆哮，他朝着对岸成功过桥的人喊道："那么危险的峡谷，我肯定是过不去了，我摔下去，会粉身碎骨的。"说罢就退了回去。

思考：这四个人所面对的外部环境是相同的，前三个人是如何成功过河的，第四个人为什么失败呢？

有的时候，我们虽然努力，还是会遭遇失败。"胜败乃兵家常事"，我们不应自怨自艾，更不能自暴自弃，而是要分析原因，做出改进，争取成功。如果我们的能力暂时达不到要求，那就调整方向，在别处获得胜利。无论哪种方式，都会最终提升自信心。

2. 打破自我设限

乐观的人愿意相信通过自己的努力是可以改变困境的。

大家都知道跳蚤可以跳得很高，生物学家曾经做过一个跳蚤实验：将跳蚤罩在玻璃杯里，跳蚤只能够一次次地撞在玻璃杯顶。经过一段时间之后，哪怕取掉玻璃杯，跳蚤也跳不出比玻璃杯更高的高度。而我们可以选择做一只乐观的跳蚤，敢于打破心中的"玻璃杯"，敢于全力一跳，必能跳出新高度。

李少杰，原是海尔集团钣金公司订单经理。钣金生产线是冰箱生产的第一道工序，也是影响着生产时效的首要"门槛"。要想提高钣金生产线的效率，要么增加设备，要么挖潜增效。

增加设备的成本很高，钣金公司的生产线已经是当时世界上最先进的日本生产线，所以从来没有人想着要将这条生产线进行改进。但是李少杰却对生产线动了心思。他与日本厂家积极沟通，与本公司的同事仔细推敲每一道工序。

凭着李少杰的坚持和创新，生产线的设计节拍被降低到7.5秒。这是钣金线生产效率新的世界纪录。

每个人都经历过失败，但昨天的失败并不代表今天的结果，一方面的失败，也不代表其他方面不能成功。我们不要给自己限定努力的范围，要勇敢地探索自己感兴趣的领域，对自己的言行自律，寻找适合自己的学习方法，不断提高理论水平，重点在技能方面超越自己。

3. 在成功中不断提升自信

世事不如意者十之八九，但我们不能总限于对“不如意”的回忆，要想提升自信心，必须要想方设法地增加成功体验。要寻找一些相对容易处理的事情去完成，在成功中真实地感受“我能行”，不断积攒力量，再去攻克难关。

（三）学会正确归因

面对同样的情境，有的人可能被其打败，有的人可能战胜了困难从而得到了进步。因此，并不是情境本身造成了不同的结果，而是对情境的认知、评价以及在此基础上做出的应对选择。其中，归因就是关键的一环。所谓归因，是回答“为什么”的问题，是对根源的追溯，是人们对自己或者他人行为的起因的解释。

李奇在刚刚结束的数学期中考试中成绩不理想，这让他很苦恼。他该如何进行正确归因呢？首先他应该全面分析结果信息，这就需要他同时考虑三类信息：一致性信息、一惯性信息和独特性信息。

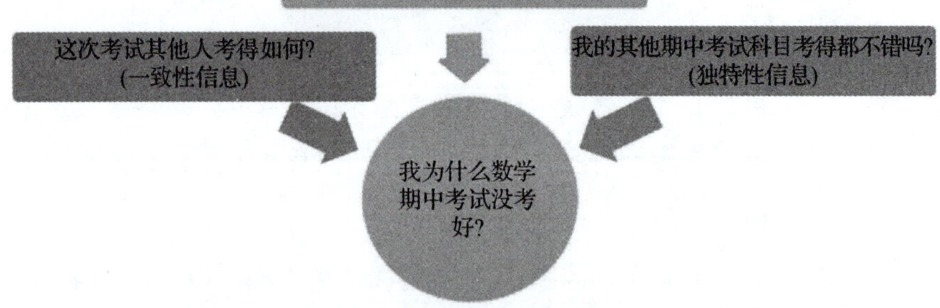

其次，要做到正确归因，可从三个维度考虑：内外源维度、稳定性维度、可控性维度。内外源维度影响个体对成败的情绪体验，稳定性维度影响个体对未来成败的预期，可控性维度影响个体今后努力的行为。

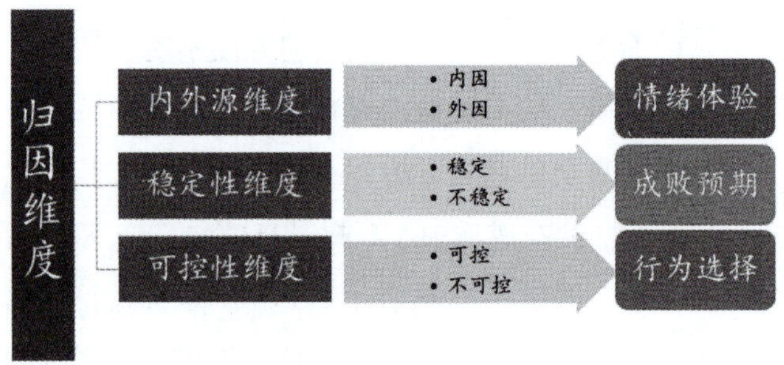

因此，李奇对此次的数学考试做了如下表的归因分析，之前的苦恼情绪烟消云散，他相信通过自己的努力，在期末考试中，数学成绩定能有所进步。

原因分析	维度分析	应对方法
此次数学考试题目难度大	外因、不稳定、不可控	坦然面对，其他人的试卷跟我的是一样的，他们的感觉也和我相似
对数学兴趣不大，上课经常开小差	内因、稳定、可控	提高数学兴趣，请同桌监督自己上课要专心
因粗心丢分的情况不少	内因、不稳定、可控	要细心，大题做完即刻检查，会做的保证做对
期中考试那些天恰巧感冒，睡眠不好	内因、不稳定、不可控	多锻炼，增强身体素质

三、活动体验

笑对小错

在我们的生活中，不可避免会犯一些小错，我们是否可以一笑置之呢？在这个活动中，让我们来体验笑对小错。

（一）活动阶段

1. 20 人左右为一个活动组。

2. 站成一列，按顺序报数，每个人必须牢记自己的号码。

3. 第一个人大声喊出一个号码，被叫到号码的人立即喊出另一个号码。号码要求不能是自己的、不能是相邻的、不能是队伍中不存在的。

4. 第一个有点犹豫的人，或者叫错号的人走到队尾，此时队伍需要重新按顺序报数。

5. 当你犯错的时候，不能皱眉，而必须笑着举起你的右拳头，高喊：“加油！”所有的其他同学必须为他鼓掌。

（二）总结阶段

1. 犯错后你有什么感受？笑着面对小错误是否轻松许多？

2. 当犯错后能笑着面对，所有人都为你鼓掌时，你有什么感受？

3. 你对自己犯的错误有怎样的认识？

4. 看到别人犯错，你是如何归因的？

（三）延伸阶段

回忆一个你曾经认为的错误或挫折，今天的课程之后，请重新审视这个错误或挫折。

四、知识拓展

用好暗示方法 助你心态稳定

明天就要参加演讲决赛了，张凯和李洁两人都是冠军的有力争夺者。张凯心中有些紧张，他想了想，把每次比赛必穿的“战袍”准备妥当，然后安心地睡觉去了。李洁躺在床上难以入眠。于是，她反复在心里默念“别紧张”，可是依然辗转反侧。决赛场上，张凯的表现更胜一筹，夺得第一。李洁却发挥失常，只位列第五。

当我们紧张、焦虑时，哪些暗示方法能起到稳定心态的作用呢?

1. 采用肯定性言语暗示

肯定性言语暗示是指使用积极的、正向的语言来提醒自己该做什么，而不是用消极的、负性的语言提醒自己不该做什么。李洁误用了负性言语暗示，因此使得自己的紧张感加重。如果李洁尝试用类似“镇静”“我一定可以的”这样的暗示，紧张感也许会有所减轻。

2. 重复仪式行为

仪式行为是指一套固定的习惯或偏好，这些行为曾经给行为者带来益处，因此行为者相信重复这些行为之后益处就会出现。仪式行为可以增强对未知的控制感和自信心，降低不安，使自己专注于目标。不是每个人都有明显的仪式行为，每个人的仪式行为也不太相同。张凯的“战袍”就是他的仪式行为。许多运动员在赛前都会有一些仪式行为，游泳健将徐嘉余只带黄色泳帽，女乒大将张怡宁赛前必与对方握手。

3. 夸大外部行为

当我们无法掌控自己的内心时，不妨先控制我们的外部行为，通过外部行为的变化，特别是夸大的外部行为来更快地稳定心态。例如，许多体育比赛前运动员会大喊一声，这不仅激发了士气，更是将内心的紧张通过大喊这一方式外放出去了，从而稳定了比赛心态。

心情小剧场

考试不及格，你也许体验到伤心，你也许觉得无所谓；面试通过，你也许体验到狂喜，你也许体验到高兴。同样的事情，每个人的心态和情绪反应都不同，哪怕反应的性质相同，同样是积极的或者消极的，程度也不同。这其中起着关键作用是对该事情的认知。

一、活动目标

1. 在活动中提高对情绪和心态的体察和分析能力。

2. 在活动中加强对不合理思维的识别，纠正不合理认知。

二、活动准备

1. 以小组为单位编写剧本，排练故事。

2. 故事要点：小李参加社团面试，落选了，整天闷闷不乐的。他以前最喜欢打篮球了，可是三人篮球赛马上就要开始，几个好兄弟邀请他一起组队参加，这时候，他是怎么应对的？

3. 演绎要求：突出主角对事件的想法、情绪的表达、心态的变化。

4. 教师对小组剧本要做指导，剧本之间要形成反差对比。

三、活动步骤

1. 以小组为单位，演绎本组的故事。

2. 就每组的故事进行讨论并分析：

（1）演绎的情绪类型、情绪表达方式。

（2）小李对事件的认知中哪些是不合理的思维，该如何纠正？

（3）判断小李的心态是乐观的还是悲观的。

3. 教师点评和指导。

四、活动延伸

请用以下图表持续记录你的情绪和心态变化一段时间，侧重对积极情绪和乐观心态的识别，在实践中不断提高自己对情绪和心态的管理能力。

时间 / 天	主要事件	主要情绪	心态	时间 / 天	主要事件	主要情绪	心态

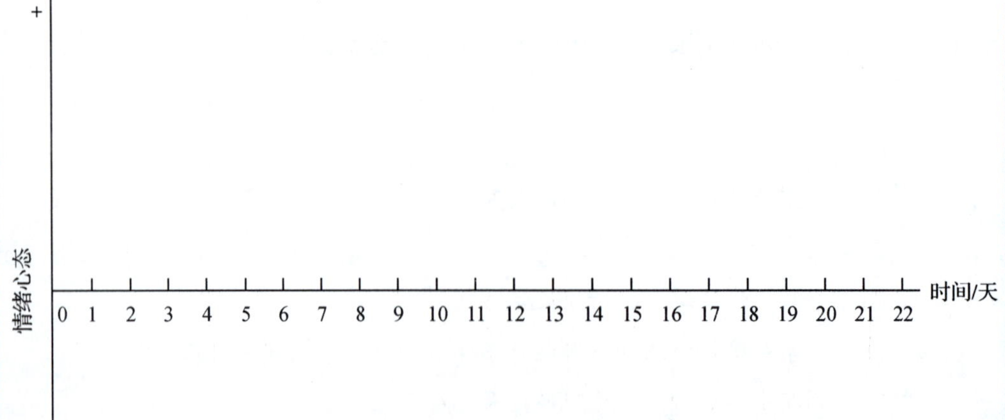

第四单元

习惯与自律

不奋发，则心日颓靡；不检束，则心日恣肆。

——朱熹

闹钟一响，我马上起床，这是习惯；闹钟一响，我马上按“5 分钟后再响”，这也是习惯。

习惯有好有坏，能助你成功也能让你失败。只有培养良好习惯，才能一直走在不断进步的大道上。

自律是好习惯养成的利器，掌握自律方法，你就可以拥有更多的好习惯。

第一课　养成良好习惯

学习目标

1. 正确理解良好习惯对人生的影响。
2. 能运用有效方法培养促进自身健康和提高做事效率的习惯。
3. 能在培养良好习惯的过程中提升执行力和增强实现目标的信心。

翻转课堂

本课导读

养成良好习惯

- 良好习惯受益终生——第 105 页
  - 良好习惯能提高效率
  - 良好习惯能建立良好人际关系
- 养成良好习惯的方法——第 106 页
  - 确定要养成的习惯
  - 马上行动，激发执行力
  - 借助外力，促进习惯养成

阅读案例，并回答问题。

黄柏和罗强是一对好同桌，但是他们两个做事习惯不一样。黄柏做事喜欢把“差不多”挂嘴边，罗强则是一个认真细致的人。现在他们终于走上工作岗位，开启自己的职业梦想了。

刚进入地铁控制中心实习的黄柏被安排到控制室做调度员，主要工作是上传下达，及时传递正确信息。有一次，地铁因故需要晚发车1分钟，黄柏本应马上通知各相关部门进行应急调整，但当时黄柏正在找资料，五分钟后才通知，差点酿成大祸。黄柏因此被撤离岗位。

罗强刚入职一年就获得了公司年度优秀员工的荣誉，让有些资历更深的员工心生不满，觉得自己和罗强的工作能力差不多，凭什么罗强拿优秀。经理说，那是因为罗强在这一年里，每天都最早来，最晚走，工作上从来没有出过纰漏，不像这些提出质疑的人总是隔三岔五地迟到，遇到问题时只会抱怨责怪。

思考：

1. 黄柏和罗强各有什么习惯？

2. 这些习惯如何影响他们的生活？

一、良好习惯受益终生

走路的时候先迈哪条腿？进门前是否先敲门？用过的物品是否放回原位？遇到学习难题，脑海闪过的第一个念头是“那么难，不写了”还是“再想想办法”？这些无意识无压力下自然做出的举动，我们称为“习惯”。

习惯分为良好习惯和不良习惯，对人的学习、工作和生活等起积极作用的，能使人进步的称为良好习惯。反之则是不良习惯。

加加林是第一个进入太空的地球人。其实当年他是第 3 号航天员候选人，还有两位候选人比他更优秀，但为什么他会那么幸运呢？

当年安排了 1 号航天员接受航天任务，但是在升空练习中，这位 1 号候选人在充满氧气的船舱训练结束时，随手将擦拭传感器的酒精棉扔到了电极板上，引起大火，他本人也被烧伤不治身亡。

为什么最终选择了 3 号加加林，而不是 2 号呢？

因为在参加训练的 20 多个宇航员中，每次船舱练习时，只有加加林不怕麻烦，脱掉靴子，只穿袜子进入。就是这个小小的举动让他成为第一位真正的航天员：让一个有认真细致习惯的人去完成人类首次飞行太空的神圣使命，让人非常放心。

加加林并不知道脱鞋进舱能带来幸运，只是自然而然的良好习惯而已。

（一）良好习惯能提高效率

良好习惯能提高效率。所谓效率，就是单位时间里完成事情的量。时间对每个人都是公平的，为什么同样的时间里，优秀的人可以做出满意的成绩，而有的人却碌碌无为？那是因为，良好习惯可以提高做事的效率。

在学习、生活和工作中，良好习惯能帮助我们维持健康身体、充沛体力和精力，能帮助我们建立清晰思路，保持敏锐头脑，制订缜密计划。养成良好习惯的益处会以行动效率的提高来体现。

良好习惯会为你开启一扇通往优秀的大门，为你铺就一条稳步成长的道路。培养高效的学习、生活和工作习惯，是在为适应职业和岗位、适应社会做准备。

（二）良好习惯能建立良好人际关系

人是社会性动物，在社会生活中，我们每天都要和他人打交道，人际关系直接影响我们的生活与工作，良好的习惯有助于建立良好的人际关系。

良好的人际交往习惯包括礼貌待人、尊重他人、团结友爱、平等和谐、善于沟通等。良好的人际关系是在学习、生活和工作当中练就的，它可以使人精神愉快，情绪稳定，积极向上，充满信心。

良好习惯就像是银行中的存款，随着时间增长，收益越来越多。你会从文明礼貌中得到别人的认可，会从专心致志中得到丰厚的知识，会从善于反思中得到稳步的成长。在生活工作中，良好习惯不仅能促进个人的身心健康，而且还能对你的未来发展产生积极而长远的影响，使我们终身受益。

二、养成良好习惯的方法

（一）确定要养成的习惯

技能人才有良好习惯傍身，就是给自己增添实力，给自己打开局面，创造更多的机遇。习惯养成是一种科学的自我管理。培养习惯的第一步，是要确定应该养成哪些习惯。

从保持身体健康和体力、精力充沛的需要看，我们要养成合理安排作息、坚持锻炼、科学饮食的习惯。劳逸结合是保持健康和维持体力、精力水平的第一要素。据《礼记·杂记下》记载，孔子曾说：“一张一弛，文武之道也。”意思是既要促使人民劳作，又要让人民休息，这才是古代圣贤君王治理国家的方式。其实，个人的生活一样要张弛有度。学习、工作时要保持精力高度集中，争取高效完成既定目标，然后好好休息，尤其要保证睡眠充足。睡眠才是完全意义上的放松。要调节好生物钟，尽可能每天早睡早起，不要为打游戏、玩视频和社交软件、看影视剧等活动牺牲睡眠，更不能因此耽误学习和工作。在此基础上要坚持定时适度锻炼身体；要按时进餐，控制饮食，既要保证营养充分，又要拒绝暴食暴饮。养成上述习惯，健康、体力、精力就不会远离我们。

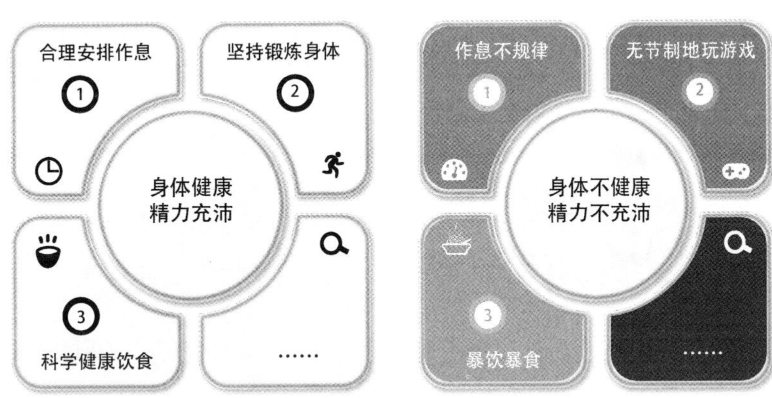

从做事情的成效考虑，我们要养成提前规划、行动有条理、注意细节的习惯。凡事预则立，不预则废。提前规划能在开始行动前帮助我们认清目标，分清主次，厘清顺序，减少遗漏，并做好充足的物质和精神准备。如果不养成提前规划的习惯，想起来就做规划，想不起来就不做，那么必然有很多事情会做得漏洞百出。行动过程中，做事要有条不紊，注意细节。所有事情的处理都有其顺序，各个环节一旦紊乱，不仅达不到目的，而且还有可能使自己陷入困境，无法脱身。细节是构成宏观事物的基础。若处理事情的某个环节的细节缺失了，就可能使这个环节出错，进而使整件事情的发展偏离方向。因此，即便时间紧张，我们也不能自乱阵脚、顾头不顾尾。这就是养成有条理、重细节习惯的意义所在。

请同学们参考前图把下图补充完整。

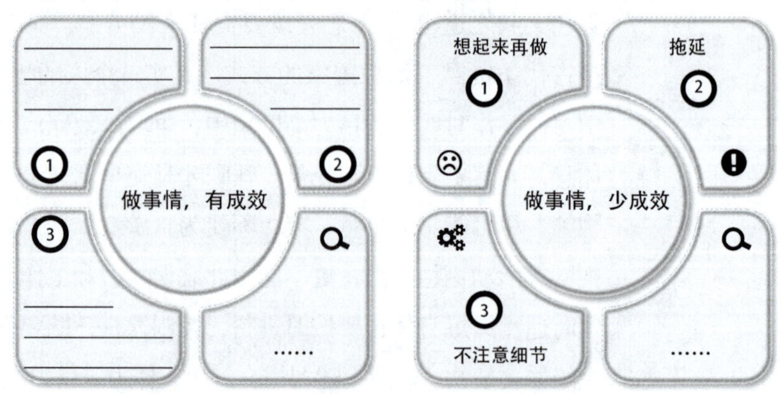

以上是普遍意义上的好习惯。每一个人都是独立的个体，有自己独特的需求，面对的情况也有差异。只有确定符合自己发展需要的具体习惯，才能在习惯培养中真正获得成长。

良好习惯的种类有很多，试归纳你自己需要养成的良好习惯，将具体内容填入下面的表格（此表可自行绘制并延展）。

分类	具体描述
良好的生活习惯	
良好的职业习惯	
良好的思维习惯	
良好的学习习惯	

（二）马上行动，激发执行力

培养良好习惯就要做行动派。我们确定了习惯目标，下了决心，只要动起来就有实现的可能。

开始培养习惯时，我们可通过设置行动开关，进行刻意练习来激发执行力。

可选择某个时间作为行动开关。比如，早上 6 点、中午 1 点或者晚上 9 点，时间一到，马上行动。对于个人来说，这个时间点通常应该不被打扰。到了这个时间，放下手上其他事情，马上行动。

可选择某个事件作为行动开关。比如，等公车时、刷牙后或者晚饭后。

习惯养成都是从刻意练习开始，行动开关可以向我们发出清晰的行动指令，促使形成行为惯性，养成属于自己的好习惯。

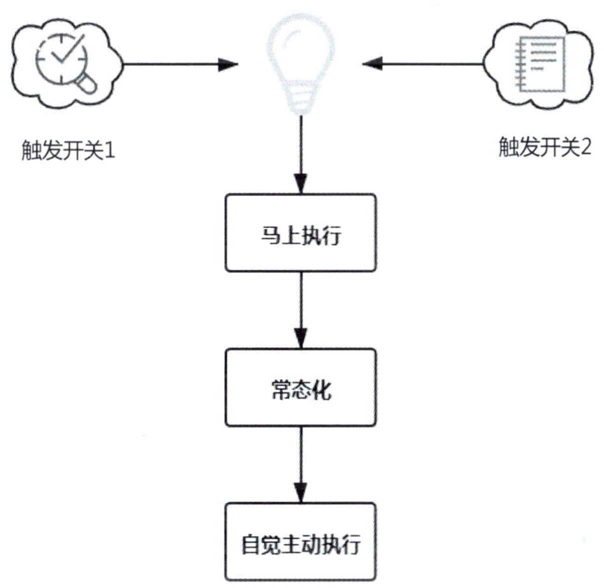

玲玲的实习岗位是秘书，去实习前她觉得自己的技能知识掌握得还不错，应该可以胜任实习工作。然而她很快发现自己蹩脚的英语影响了工作效率。于是，她决定养成每天学习英语的习惯，尽快弥补不足。

但是实习工作很忙，空闲时间少，怎么办呢？

玲玲是这样做的：早上6点闹钟一响，她马上打开手机听英文频道练习听力，一边听一边洗漱。等公交车时就翻阅自己记录的生词本。睡觉前朗读一篇英语短文。

这些简单的程序行为，能激发我们的行动力，只要我们每天都坚持去执行，就可以把这些行为常态化：一到达这个触发点，我们就会自觉主动去执行。

马上行动还需要具有对自己负责的态度。要时刻叮嘱自己：“是我想要改变，是我要做这件事情，我能为自己的行为负责。”这样，我们才不会轻易找借口推脱，延迟行动或拒绝行动。

（三）借助外力，促进习惯养成

习惯养成是一个长期的过程，只有将个人的内在动力和外部监督力量结合起来，才能使习惯养成有更大的推动力。

我们可以设置奖惩机制。习惯养成需要自我约束，但不是刻板限制，达到目标时要及时肯定。如今天超额完成指定目标，你可以奖励自己去看电影，建立正向关联，切身感受到实现目标的满足感和成就感，有利于习惯目标的不断提升。未达成时，也要有适当的惩罚：可以加大明天的目标量，或者禁止自己做某件喜欢的事。无论奖励还是惩罚，都是为了建立规则，并通过遵守规则实现目标。

借助外力时，我们可以借鉴时间管理中的一些方法：我们可以自我暴露，公开承诺，请求他人监督；可以在宿舍张贴目标宣言；可以每天在朋友圈打卡，告诉尽可能多的人；也可以请一个你认为最重要的人来监督自己的行动。当他人对自己产生期待的时候，我们更容易专注于当下的行为，时刻扣紧坚持的心弦，避免半途而废。

我们可以寻找志同道合的伙伴，抱团努力。在每日行动中相互鼓励和促进，形成众人拾柴火焰高的合力，一同实现习惯目标。

说说你还可以通过哪些外力，督促自己养成好习惯？

习惯的养成是从陌生到熟悉，量变到质变，最终实现自然而然行为的过程。良好的习惯既已养成，更需坚持。任何找借口的松懈，都有可能使养成的好习惯退化；任何对好习惯的忽视都有可能使自己重新进入好习惯养成之前的状态。所以，良好习惯在达成之后，仍然要不断探索升级，不断强化，让良好习惯更加稳定。

三、活动体验

你确定了要养成的好习惯，也设计了培养习惯的方法，像准备射门一样，就差临门一脚了。这时候，如果你能清楚地知道养成这个好习惯带来的收获有哪些，这一脚就会踢得更稳、更准。请你为自己找到一个要养成的好习惯，再写出养成这个习惯将得到的收获。

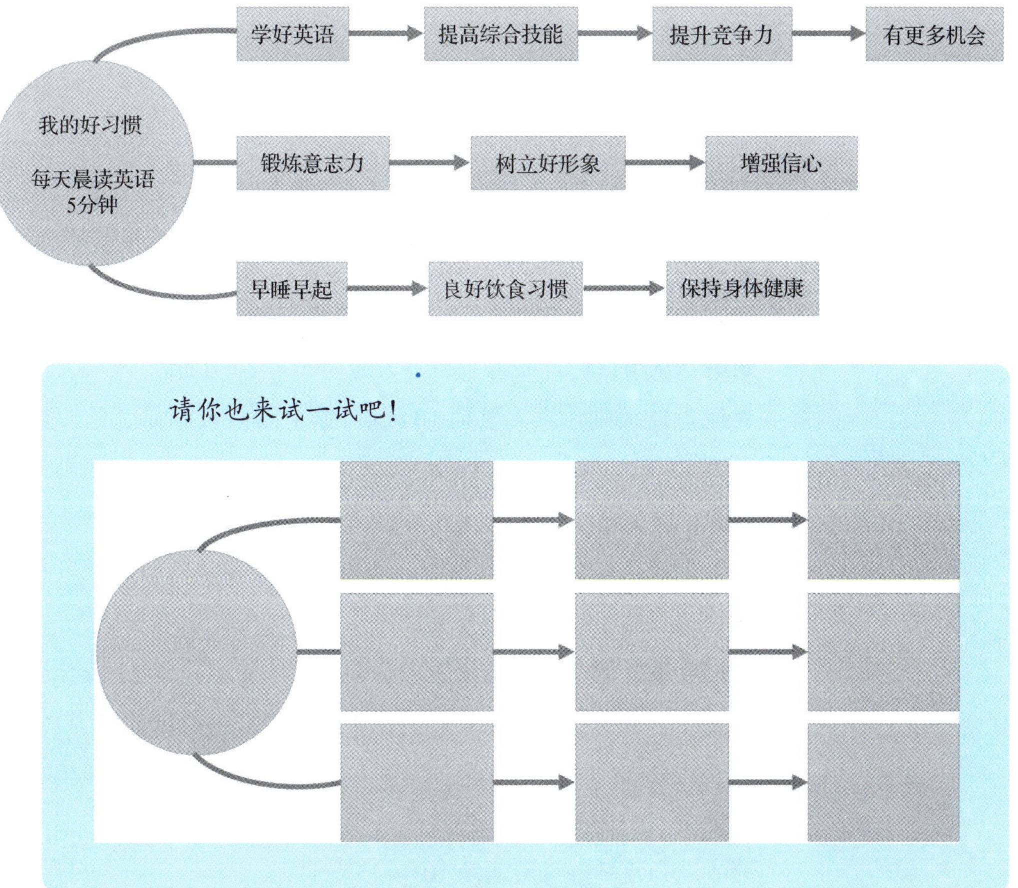

四、知识拓展

养成锻炼身体习惯的清单

人的行为暗示，经过反复加深会形成习惯。习惯的形成大致分为五个阶段：起跑期、疲惫放缓期、过渡期、颠簸期、稳定期。下面以养成锻炼身体习惯为例，建立一份习惯清单：

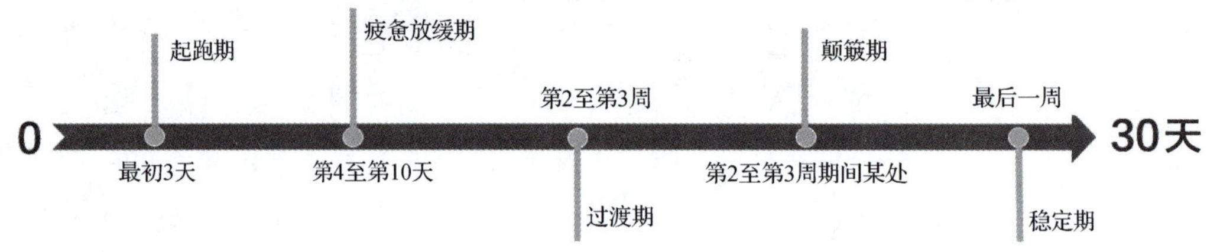

（一）内容与目标

习惯内容：锻炼身体。

目标：每天 30 分钟锻炼时间，保持身体健康，心情愉快。

（二）实施阶段

◆起跑期（最初 3 天）：起跑期很关键，要十分刻意提醒自己坚持行动。

对策：从小目标开始着手，每天运动 5 ～ 10 分钟。

◆疲惫放缓期（第 4 至第 10 天）：这个阶段很容易 3 分钟热度，容易放弃。

对策：简单记录。

每天记录运动目标完成情况，可以用检查表、日历、记事本等，只记录完成目标“√”和未完成目标“×”。

◆过渡期（第 2 至第 3 周）：只要这个阶段过了，习惯就很容易坚持下去了，此阶段要时刻提醒自己不要放弃第一阶段的努力，继续加油，坚持到底。

对策 1：逐步提高目标要求。

第 2 周开始坚持每天运动 10 ～ 15 分钟。

第 3 周开始坚持每天运动 20 ～ 30 分钟。

对策 2：设定适当行为模式。

固定每天运动的时间，如下午放学后（16：30—17：00）。

◆颠簸期（第 2 至第 3 周期间某处）：这个阶段可能会出现突发状况中断行动，如感到疲倦、心情低落、想放弃等。

对策 1：设定例外规则。

如遇突发状况，可以缩短锻炼时间，如改成散步 15 分钟；可以找替换目标，如改成室内平板支撑 15 分钟。这样既完成既定事项，又能减轻不必要的压力，使行动得以坚持下去。

对策 2：设定持续开关。

达到目标，定期奖励自己，推动自己行动；没达到目标，可以利用小处罚击退借口；也可以找到志同道合的人，约定一起行动。

对策 3：添加变化，以崭新的心情重新出发。

如改变跑步路线，更换运动场地，改变锻炼方式等。

◆稳定期（最后一周）。

对策 1：遵守自己设定的目标门槛。

持之以恒地坚持，每天一定要在 16：30—17：00 坚持锻炼身体。

对策 2：享受小成长。

确实感受到身体的变化、精神面貌的改变、情绪的调节、工作效率的提高等。

对策 3：计划下一项习惯。

培养早睡早起的习惯。

（三）总结阶段

养成好习惯很难，只要坚持，一定能成功！

良好习惯养成情况记录表

日期	按时完成	延时完成	未完成	给自己的建议
……	……	……	……	……
良好习惯养成的结果评定：				
奖惩机制：				
我的调整策略：				

备注：按时完成打“√”，延时完成打“○”，未完成打“×”，结果评定分为：完全养成、基本养成、未养成。

第二课　提高自律能力

学习目标

1. 能理解自律在成长中的重要性。
2. 能运用自控方法实现自律。
3. 增强面对困难的勇气。

翻转课堂

本课导读

提高自律能力

- 找到自律的起点——第 117 页
- 增强动力和信心——第 118 页
  - 积极暗示“我能行”
  - 设置阶段目标，逐步达成
  - 记录过程，及时肯定
- 面对诱惑的处理方式——第 121 页
  - 停下来，回顾目标
  - 对比收获，做更好选择
  - 转移注意力，远离诱惑源头

阅读案例，并回答问题。

学校举办创业实践项目，设定了丰厚的奖励。王力和徐青都信心满满能完成这个项目。于是，王力和徐青分别组建项目组。一开始两组成员都热情高涨，积极完成项目方案设计，并且都制订了详细的实施计划。

两周后，王力小组每天按照计划，完成规定任务，小组成员也每天坚持向王力汇报实践进度，所以该小组顺利完成实践项目，验收合格获得了丰厚的奖励，小组欢呼雀跃。

徐青小组，在开始第一周时组员们都能够按计划完成任务。一周后，组员们看见同学们放学后可以去运动、玩耍，也想要放松一下。于是，组员们纷纷放下未完成的工作，有的和同学去打球，有的周末去爬山……第二个星期很快过去了，小组还有很多实践活动没有完成。他们的实践项目最终宣告失败。

思考：

1. 你从王力和徐青的表现中想到了什么？

2. 你怎么理解徐青的“劳逸结合”？

每个人多少都对自己有所约束。例如：今天想吃辣食，但是最近嗓子痛，你忍住了；朋友约你看球赛，但你事先答应了室友要一起复习，你忍住了；已经完成了老师布置的作业，你想出去玩，但你为提高成绩忍住了，又多完成了一套练习。这些为了一定的目的，在想做某事而未做的时刻，对自己进行的约束，就是自律。

一、找到自律的起点

我能行

我们每个人的身体里面都蕴藏着自律能力，等着我们用主观能动的态度点燃，一旦点燃，它会给我们带来无限惊喜。当我们做一件自己认为有意义、有价值的事情时，我们就会充分发挥自己的主观能动性去实现它。自律不是束缚，它能鞭策我们进步，比如为保持健康而自律，为获得尊重而自律，为提升素质而自律。

自律是保持健康的关键。生命和健康对我们来说至关重要。生命只有一次，是人生一切意义的根本，是实现梦想的基础，因而弥足珍贵。我们很年轻，有充分的时间和机会展现自我风采，实现自我价值，体验美好人生。要做到这些，必须以健康的身体为基础。上一课我们提到要养成合理安排作息和坚持锻炼的习惯，就是以保持身体健康为目的的，养成习惯的过程必然伴随自律。

2020 年，新冠肺炎疫情暴发。1 月 19 日，钟南山接紧急通知，从广州的会场急赴火车站，夜驰武汉。高铁上已无座位，他买的是站票，只能在餐车一角研究疫情资料。下车后，他直奔武汉会议中心，开会到深夜。第二天一早，钟南山又准时出现在会场，下午直飞北京。在数十天紧张、艰苦的抗疫之路上，他从不“掉链子”。

我们都感动于钟南山医者仁心，总在危难之时挺身而出；我们更感慨于年过八旬的老人依然思维敏捷，身体硬朗，健步如飞；我们却往往忽略这一切背后，是惊人的自律支撑起过人的体魄。钟南山院士说：“我是一名医生，很了解一个人的身体健康状况，锻炼对身体健康起到很关键的作用，让人保持永远年轻的心态。”即便在年复一年的高强度工作下，只要有空，他就去打球、游泳、健身，甚至平时工作出差，他都会因地制宜选择合适的运动方式坚持锻炼。时至今日，钟南山院士在日常看病、门诊、查房、会诊、科研等繁忙的工作之余，仍坚持下班后每周至少锻炼3次以上，每次锻炼约一个小时。锻炼就像吃饭一样，已成为钟南山院士生活不可或缺的一部分。

逆水行舟，不进则退。我们必须促使自己不断进步，通过提升自身素质创造更大的人生价值。当你想提升知识水平时，要有孜孜不倦学习的自律；当你想突破技能瓶颈时，要有坚持高强度训练的自律。人生中的每一次进步、每一次成功都要用汗水和坚持来交换。要做到不断提升自身素质就必须实施自律。

自律能够让你在摇摆不定时，提醒自己目标就在前方，再坚持一会就能实现。长期自律，必然能让你展现独特魅力。

二、增强动力和信心

（一）积极暗示“我能行”

你想做好一个模具工件，你想在竞赛中脱颖而出，你还想在今后的岗位中成为技术能手，但天下没有免费的午餐，任何收获都需要先付出努力和心血。刚开始，我们都有雄心壮志，跃跃欲试，仿佛一抬脚就到达了预期目标。

其实真实的奋斗是曲折的，谁都无法预计成功到来的时间。在付出的过程中不断提醒自己“我能行”，能显著增添前进中的内生动力。

顺境时，我们可以通过想象成功后的喜悦和将收获的益处增强“我能行”的意识。对自己能力和前景的认可是激励一个人奋斗的动

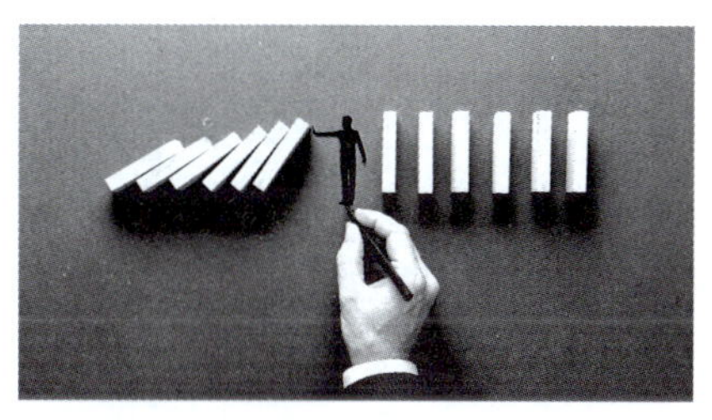

力，是在犹豫彷徨时依然能坚持的信念源泉。

逆境时，充分调动“我能行”的意识，就不会被困难吓倒。要告诉自己：“困难的出现表示离成功又近了一步。这些艰难困苦是用来锤炼我们的勇气和能力的。”

“我能行”帮助我们冲破黑暗，增加信心，提高自律能力，超越自己，直至实现目标。

写一句最能激励自己的话，大声地说给三个同学听，再分享这三次都有怎样不同的感受，然后把这句话贴在课桌上，或者放在手机备忘录等，经常提醒自己，积极暗示“我能行”。

（二）设置阶段目标，逐步达成

目标要清晰具体，才能增强动力和自信。欲速则不达，给自己定过高的目标，有时压力大于动力，长期看不见目标实现的可能性，容易产生焦虑和挫败感，逐渐失去信心，放弃努力。

当我们感到力不从心时，要适时设置阶段目标，适当降低当期目标的要求，并告诉自己：我先做力所能及的事，逐步提高要求，积小胜为大胜，直到达成最终的长远目标。

设置阶段目标可以根据过程顺序、难易程度或者倒计时的方法进行设置。

1. 按过程顺序进行设置

要找到容易划分的时间节点，做好安排。比如要设定 3 年的在校学习目标，以 3 年为限，时间过长，目标路径不清。我们可以划分成 6 个学期，每个学期又可以分成 4 个月。以月为单位设置目标，可以让目标更清晰可行，指导性更强。

时间	目标	获得的知识和能力	具体行动措施	差距	下一步调整
3 年					
2 年					
1 年					
半年					
1 个月					
……					

2. 按可完成目标的难易程度进行设置

从易到难，逐步达成可以不断增强实现下一个目标的力量和信心。

3. 按倒计时的方法进行设置

先确定要实现的总目标，再根据总目标一步步往回倒推设置阶段目标。如你想要成为行业高级从业人员，往回倒推的话要有从业人员中级评定证书、从业人员初级评定证书。你现在还是一名该专业的新生，那学好第一学期课程就是你的第一个目标。

我的长远目标是______________________________

为了实现它，我要设置阶段目标：

1. ______________________________
2. ______________________________
3. ______________________________
4. ______________________________

（三）记录过程，及时肯定

为了实现目标，我们日复一日地付出努力。通过记录努力的过程，从中得到及时肯定和反馈，增强信心和动力，让下一步行动有更好的表现，形成一个正面积极的循环，增加自控力，实现自律。

方方为了通过全国导游资格证考试，每天抱着四本考证书背得天昏地暗，刚开始她信心满满，觉得只要自己好好复习，肯定可以通过考证。

期中，老师要进行摸底考试，看看大家复习得怎么样。结果却让方方非常失望，她考得不好。那些背了的题目都没有写对。她心想："我已经很努力地复习了，是不是我比别人笨？"方方看着试卷，失去了继续努力的信心。她该怎么办呢？

同桌过来拍拍她的肩膀说："我有个好办法，要不要听听？"方方点点头。

同桌翻开笔记本，对方方说："我们要复习四本书，还要背 12 篇导游词，知识量很大。我也经常背了忘，忘了继续背。但是我每次背完一篇或一章，我就在笔记本上记上一颗星星。你看，《导游业务》我已经标记了十颗星星了。每次我看到这些星星，我就很有信心继续复习，因为我知道自己的努力没有白费。通过记录我还知道哪些知识点不够牢固，下次要重点复习。"

记录过程要真实和细致。真实记录下的肯定，可以唤起克服困难的信心。细致地记录能够在看似重复努力的日子里找到闪光点，增加坚持下去的动力。

三、面对诱惑的处理方式

大千世界，五光十色。有很多美好的事物，激励我们去追寻，当然，在我们的工作和生活中，也存在很多诱惑，成为阻挡我们成功的绊脚石，甚至会危害我们的身心健康，更甚者触碰法律和道德底线，让我们变成诱惑的俘虏，偏离正常的人生轨道。所以，我们要学会正确分析和处理诱惑。

面对危害我们身心健康或触及法律和道德底线的诱惑，我们要坚守底线，勇敢说不。面对日常生活中的一些小诱惑，我们可以采取以下方法：

（一）停下来，回顾目标

下周五要进行专业测试，你打算周六进行知识点复习，周日做模拟试题，但是朋友却约你去外地看一场你最喜欢球星的比赛。你去还是不去呢？去的话，下周五测试可能要考不好；不去的话，会很遗憾。你会怎么决定呢？

自律的过程伴随着约束、克制，而诱惑总会悄悄出现。被诱惑吸引很可能是因为目标感不强。因此，诱惑出现时，不要急着做决定。先让自己停一停，再次明确自己要达到的目标是什么，现在走到哪一步了。因为坚定的目标能让你心无旁骛地坚持到底，不被诱惑影响和阻碍。

（二）对比收获，做更好选择

诱惑是自律路上的糖衣炮弹，看似好吃，其实是要付出代价的。比如，玩手机时总会想着只看一会儿，再看一分钟，选择满足了当下的欲望，结果通常不是“一会儿”“一分钟”，时间悄悄过去，该做的事情都没有完成。这个时候，我们需要做的是拿眼前的欲望和长远的收获做对比，会发现抵制诱惑是更好的选择，可以获得更大享受。

20世纪60年代，心理学家沃尔特·米歇尔做了一个“糖果实验”。他在一个班里找来数十名孩子，在每个孩子面前放一颗糖，并告诉他们可以马上吃糖，也可以等他回来再吃糖，但如果等他回来再吃的话可以再得到一颗糖。

20 分钟后，他重新回到教室，发现有的孩子抵挡不住诱惑，已经吃掉了糖，有的却为得到另一颗而一直忍着没吃。

此后他跟踪研究，发现那些能够忍住诱惑得到两颗糖的孩子，做事更有耐心，更愿意为实现目标而坚持不懈。

（三）转移注意力，远离诱惑源头

诱惑无处不在，当它出现的时候，不必慌乱，我们还可以通过转移注意力和营造尽可能少的诱惑环境，远离诱惑源头，实现自律。

转移注意力是把对诱惑的注意力转移到别的事情上，让自己与诱惑快速分离，找回自律的主动权。在你应该完成练习时，却想着和同学聊天或睡觉，你可以马上去图书馆学习，杜绝闲聊。你也可以马上找一位学习力强的同学，和他一起学习，忽略诱惑的存在，把控住自己的行为。当你在为某个目标努力的时候，要给自己营造一个尽可能少诱惑的环境，这也是一个提升自律能力的方法。如你准备好好进行期末复习，你可以关掉手机，让自己更加专心致志地投入到复习中。

雯雯进入了备赛的冲刺阶段，下周就要比赛了。但是她耳边总有一些声音让她不能专心练习，请使用转移注意力法，帮她出出主意：

“雯雯，这是新出的电视剧，超级好看，快来看看啊。”

雯雯应该______________________________________。

“雯雯，快比赛了，出来放松一下，周末我们逛街去。”

雯雯应该______________________________________。

保持自律最好的方法就是管理好自己，无论做什么，我们都应尽力而为。工作时全情投入，玩要时尽情释放，让生活充满收获与欢乐。要做到收放自如，就要提高自我管理的能力，合理安排时间，高效完成任务。

四、活动体验

自律就是自己管好自己，对自己负责，是达到目标、成就自己的有效办法。

活动实施：

1. 请你阅读以下三个场景。

2. 和同桌共同选择其中一个，通过讨论和分享思路，帮助其中主人公找到合适的方法。

场景一：小勇不吃早餐，因为他常起得晚，随便吃块饼干就去上课。他还爱喝冷饮，尤其是运动后喝一瓶冰饮料，畅快极了。前阵子小勇因为喝太多冷饮，犯了急性肠胃炎，好不容易才恢复。医生叮嘱他："必须按时吃三餐，不能喝冷饮。"但小勇好了伤疤忘了疼，把医生的话当耳边风，结果现在常常胃痛，很难受。这一次他决定要好好照顾自己的身体，你有什么好办法可以帮小勇说到做到吗？

场景二：楚林是五年制专业的新生，一入学她就给自己定了个大目标，要在毕业前通过钢琴十级考试。于是每天课后她都会在琴房多练一小时才离开。可是不久，她练琴的时间越来越短了。因为她觉得自己还只是个"钢琴小白"，要通过钢琴十级考试简直是痴人说梦。你有什么高招儿能让楚林坚持下去呢？

场景三：德志有句口头禅是"提前计划，不会抓瞎"。他会为了各种事务做详细的计划，但常常又是三分钟热度，计划不了了之。实际结果和"抓瞎"区别不大。为此，同学们都叫他"计划大王"。德志很苦恼，明明每个计划都很完美，为什么就是实现不了呢？你会给他哪些建议呢？

五、知识拓展

四知先生

东汉杨震奉公廉洁。他到东莱郡上任时，路过昌邑县。当地县令是他推荐过的王密。王密为了表示谢意，夜里怀中揣着金子前来拜见。

杨震说："老朋友了解你，你却不了解老朋友，这是为什么呀？"

王密说："夜里不会有人知道这事。"

杨震声色俱厉道："天知道，地知道，我知道，你知道，怎么能说没人知道呢？没有别人在，难道你我的良心都不在了吗？"王密顿时满脸通红，惭愧地走了。

杨震被后人称为"四知先生"，因为他能在无人的情况下依然严格要求自己，这种高境界的自律就是慎独。

慎独一词出自《礼记·中庸》："君子戒慎乎其所不睹，恐惧乎其所不闻。莫见乎隐，莫显乎微，故君子慎其独也。"简单地说慎独就是独处或者即使无环境监督，对自己行为的自律。

探究活动

好习惯的养成主要靠自律还是他律?

一、活动目标

1. 通过辩论加强对习惯和自律的思考。

2. 通过自律与他律的对比，拓展思维能力。

飞飞准备参加技能比赛了，为了能取得好成绩，他制订了详细的计划，希望通过计划养成今日事今日毕的好习惯。但是没几天，他就发现计划根本行不通。本来6：30要起床的，拖到7：00才起；本来要在1小时内完成一份习题，结果时间到了才刚刚动笔。他苦恼地向舍友求高招儿。

新亮说："我有个高招儿，你请我做监督官，我保你每天6点就能起，1小时能做两份题。"

青瑞说："请你？还不如请自己呢。自己要是真的想做好事情，哪里还要别人监督。飞飞你做不到，说明你的决心还不够。"

新亮反驳道："按你这么说，那学校为什么还要规章制度？为什么还要老师引导约束我们？"

青瑞也不客气地说："规矩是死的，老师也不能包办一切。你看，一个班几十个同学，都是一个老师教，为什么有的能自己管好自己，成为学霸？有的人还要老师不断提醒？"

他们俩争执不下，飞飞在一旁也听得茫然，要养成好习惯究竟是主要靠自律还是主要靠他律呢?

二、活动准备

1. 辩题：好习惯的养成主要靠自律还是他律?

正方：好习惯的养成主要靠自律。

反方：好习惯的养成主要靠他律。

2. 正反双方队员各 4 人，分为一辩、二辩、三辩和四辩。

3. 主持人和计时员各一名。

4. 桌椅呈半圆式摆放。

三、活动步骤

1. 主持人开场，宣读比赛规则。
2. 正反方一辩立论各 2 分钟。
3. 正反方二辩陈词各 3 分钟。
4. 正反方三辩陈词各 3 分钟。
5. 自由辩论各 3 分钟。
6. 正反方四辩总结陈词各 3 分钟。
7. 同学听众自由提问 5 分钟，并完成对正反方的支持投票。
8. 主持人总结，宣布辩论结果。

四、活动延伸

你认为好习惯的养成靠 ____________。

我的思考	我想说
辩论中最打动你的是哪句话？	
说说你支持 ________ 方的理由。	
关于养成好习惯你还有什么想法？	

第五单元

自省与提升

吾日三省吾身，为人谋而不忠乎？与朋友交而不信乎？传不习乎？

——曾子

今天过得充实吗？

目标达到了吗？

今天哪里做得不好？

明天要怎么改进？

你每天有问过自己这些问题吗？

当你每天对自己的言行进行思考时，你就能不断进步。因为自省能使你更深刻和清晰地了解自己、认识自己，做到防微杜渐和自我磨砺，每天进步一点点，成为更优秀的自己。

第一课　保持自我反省

学习目标

1. 能理解自我反省的意义。
2. 能掌握自我反省的方法。
3. 能养成自我反省的意识和习惯。

翻转课堂

本课导读

保持自我反省

- 自省的作用——第 133 页
  - 自省可确保我们不触犯法纪
  - 自省可促使我们思考
  - 自省可帮助我们停止抱怨
  - 自省可帮助我们及时调整目标
  - 自省可让我们更自律
- 自省的方法——第 137 页
  - 自我剖析
  - 以他人为镜
  - 巧用六顶思考帽

阅读案例，并回答问题。

雷明从学校毕业后进入一家广告设计公司工作。公司安排新员工从学徒做起。有些新员工抱怨："为什么让我们做这些无聊的工作？""做这种简单的工作会有什么希望呢？"而雷明却什么都没说，他每天都认认真真地去做领导交给的每一件工作，而且还帮助其他员工去做些工作。

他态度端正，做事效率很高。更难能可贵的是，他对自己的工作有一个详细的记录。做什么事情出现问题，他都记录下来，事后不断地反省自己。雷明经常会问自己"为什么会产生这个问题？""我的解决方法还能怎么改进？""今后应该如何防止类似问题的发生？""遇到类似事情同事们哪些方法我可以借鉴？"通过这样的反省，雷明提升了自己的工作能力。

经过一年的磨炼，雷明掌握了基层岗位工作要领。很快，他就被提拔为车间主任，又过了一年，他成了部门的经理。

思考：

1. 雷明为什么能够成为部门经理？

2. 雷明把工作情况记录下来，不断进行自我反省，有什么意义？

一、自省的作用

生活中你是否尝试过进行自省？在什么情况下我们需要自省？自省的意义是什么？这样做，能促进我们产生什么改变？

试试回答以下问题：

1. 我今天有认真听好每一堂课吗？
2. 我今天比昨天少玩手机了吗？
3. 我今天有哪些方面做得不够好？

在平时你可能会觉得这些问题很无聊，但当你真正去思考的时候，你会发现有些改变在默默地发生，这就是自省的魅力。

自省是通过自我意识来省察自己言行思想的过程，是自我认知、自我约束、自我激励的过程。以铜为镜，可以正衣冠，以人为镜，可以知得失。一个人是否能走向成功，与他是否有自省的意识和习惯密切相关。

（一）自省可确保我们不触犯法纪

及时审视自己的行为和思想，可以帮助我们加强规则意识、思想道德修养，并提高法治观念，增强遵规守矩和辨别是非善恶的能力，形成自觉端正自己思想和行为的内在动力，确保不触犯法纪。

（二）自省可促使我们思考

朱熹说过：“日省其身，有则改之，无则加勉。”自省可让自己学会思考，能够审视自己的言行，看看自己哪些地方做得好，哪些地方还有不足。自省能让自己有更加清醒和冷静的认知，做得好的地方继续发扬，不足的地方检查修正，不怨天尤人，不推卸责任，正视不足，总结经验教训，做出改变，使自己变得更加完善。

为了养成自我反省的习惯，我们可以采用记录每天言行的方式，对当天印象深刻的事情进行思考。我们的成长也就在这些不起眼的小举动中发生变化。

回顾昨天你感到印象深刻的事情，然后进行如下思考：

1. 发生了什么事？
2. 我的行为和情绪是怎样的？
3. 我为什么会这样表现？
4. 我的认知和行为哪些是合理的？哪些是不合理的？
5. 我还可以怎样想？怎样做？
6. 以后遇到类似的情况，我会怎样做？

（三）自省可帮助我们停止抱怨

心理学有“防卫归因”理论，即个人通常会把成功归结为自身内在的特质，而把失败归结于外在客观环境。例如，与别人发生冲突时，往往倾向于将过错归咎他人，抱怨环境，进行自我保护，维护个人尊严，从而无法意识到自身存在的问题，无法客观地看待环境。因此，我们要养成自省的习惯与意识，时常自省抱怨背后隐藏着什么，在自省中明辨是非，停止把问题的根源与责任推向别人或外界环境。在自省时，我们需要特别注意转换角度，更加客观地分析问题，并努力做出改变，用积极的行动去解决问题，不断提高自身的德行、品性。

（四）自省可帮助我们及时调整目标

目标的设定是事前进行的，不可能尽善尽美。有时，在计划执行的过程中很容易就能发现要怎样调整；有时，却必须做深入思考才能发现问题，至于调整，更需要仔细考量。一般来说，在自省过程中需要判断当前的阶段目标是否定得过低或过高。当通过自省发现自身追求的理想、具备的条件与设立的目标差距过大时，就需要及时调整目标，进行合理规划，对自己有限的时间和精力做出再分配，采取行动，确保实现目标。

我们可以按照下图中的问题进行自省，及时调整目标：

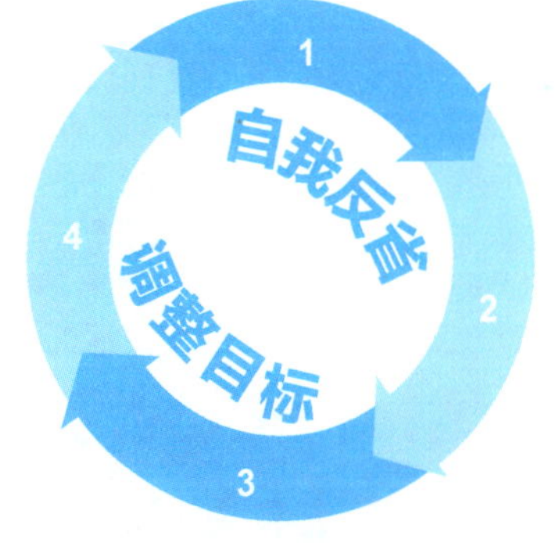

曹小杰的理想是进入企业后5年内成为难以替代的技术骨干、高级技师，成为企业愿意长期留住的人才。他开始确定的阶段目标是：在校期间，四年级拿到高级工资格证，毕业时拿到技师资格证。

四年级时他按计划获得了高级工资格证，但在校级技能大赛中却没能胜出。为此，他做了深刻自省。他发现，当前取得高级工资格证虽然基本可以保证毕业时取得技师资格证，但是并没有为实现入职5年内成为难以替代的技术骨干、高级技师打下足够坚实的基础。要想实现这个理想，必须下更大的苦功夫磨炼技能，使自己生产的产品精度在职业资格基本要求的基础上提高一个到数个等级。

于是他修改了阶段目标，采取了更有效率的学习方法，为自己挤出了更多的实训时间，提高了实训强度。

（五）自省可让我们更自律

如果目标本身合理，那么我们可以把自省的重点转移到提升自律效果上。我们可以按照下图中的问题进行自省：

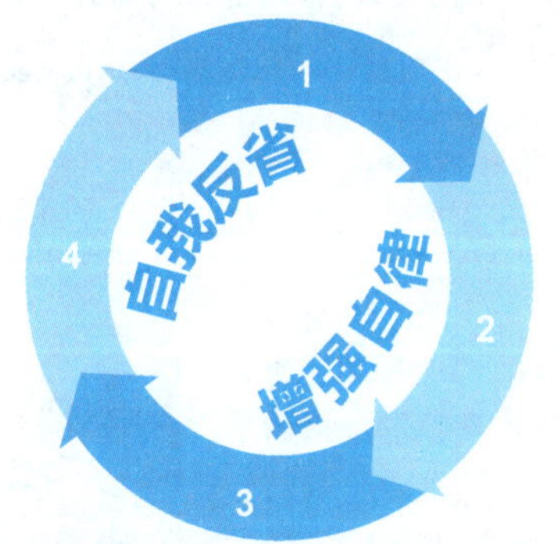

当然，个体情况存在差异，这里介绍的方法也不可能面面俱到。实际情况下，我们还可以自己总结经验，或者向家人、老师、同学、朋友请教。

何晓华每天按计划坚持上晚自习到晚上9点。但每到7点她就会难以集中精力，无论怎样给自己打气也会走神，导致晚自习最后的两个小时效率很低。她通过自省，认为计划合理，于是改进了实施方案。她取消了自己晚饭后的零食，对自己说："如果完成了7点以前的既定任务，那么就可以吃些零食。如果完成了 8 点以前的既定任务，就可以休息 15 分钟。”通过这样的措施，她整个晚自习的效率都得到了显著提高。

二、自省的方法

（一）自我剖析

1. 自我剖析的意义

在生活中，我们应该时常对自己进行剖析，回想自身的认知方式、思想观念、心理习惯以及性格特征。我们可以通过自我剖析，学会扬长避短：总结犯错误的原因，进行改正；归纳成功的因素，继续发扬。自我剖析不等于自我批判，还包括了自我肯定。逆境时要自我剖析，顺境时更要自我剖析，在自我剖析中总结过去，规划未来。

请同学们自我剖析在宿舍人际交往过程中自己身上具有的长处与不足。

长处	不足

2. 自我剖析的方法

我们可以通过向自己提问的方式完成自我剖析。自我提问分两种思路。

一是按一定顺序逐个环节向自己提问。比如，针对“如何通过自我剖析调整目标？”这个命题时，可以向自己提一系列问题。

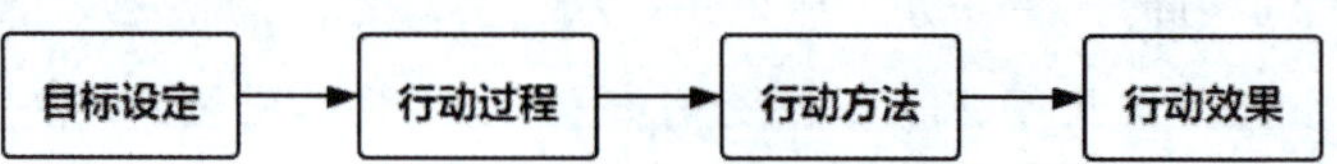

二是以特定的问题为切入点向自己层层深入提问，发现内在的因素。比如当我们发现自己对某件事情反应强烈时，我们可以问问自己是为什么，深究其原因，层层剖析自己的内心，觉察当时的心理状态和心理活动，从而帮助自己发现更多问题，了解行为背后的原因，以及辨析清楚事情会产生的后果，进而调整自己的行为和状态。越是能让自己产生强烈情绪或者过度反应的情况，就越能给予自己有意义的信息。

以上两种思路没有优劣之分。只要时间允许，我们应该两种都应用，以使自省充分。

不同的自我提问方式会导致我们采取不同的行动。积极的自我提问可以帮助自己找出真正重要的原因和行动的动力。消极的自我提问会使我们产生消极情绪，阻碍我们的行动。

因此，我们需要积极的自我提问，让自己获得建设性的答案，促进自我反省与自我改变。例如，我们可以把“我为什么这么不受欢迎？”改为更有激励效果的提问“我如何做一个受人欢迎的人？”。

回顾你曾经发出过的积极自我提问和消极自我提问。

积极的自我提问	消极的自我提问

（二）以他人为镜

1. 寻求他人的反馈

俗话说“当局者迷，旁观者清”。所站的角度不同，思考的方向不同，得到的结果也就会不一样。我们可以通过寻求他人的反馈帮助我们打开自省的另一扇窗，获得更加客观的认知和自我改正的机会。

如何在学习和生活中，获得有效的反馈呢？

（1）主动地寻求他人的反馈。为了让我们更加清楚地看见自我，我们可以主动地寻求他人的反馈，多询问他人关于自己的看法，关于自己优缺点以及待人接物的情况等，通过主动地交流，获得更多真实、有效的反馈。

（2）选择合适的人寻找反馈。反馈的重要影响因素是彼此的关系和拥有的信任程度。如果你希望获得重要的反馈，不妨先从自己的朋友、熟悉的同事或同学等和我们有交集的人入手，他们可能是更容易给你提供有效反馈的人。

（3）寻求反馈的问题要具体并有针对性。请教他人之前，应事先就想要了解的问题做一个梳理，这样他人才能够给我们有用、深层次的反馈。例如，如果你问朋友：“这件事情你觉得我做得怎么样？”那么朋友很可能会告诉你，你做得很不错。你得到的是一个广泛、笼统的回答。如果你换一种问法：“这件事情我还有哪些方面可以做得更好？”那么朋友或许可以给你一些具体、重要、实际的反馈。

（4）注重择取他人反馈的积极部分。每个人看待问题的角度不尽相同，认识问题的深入程度也有差异。因此，不应对他人的反馈求全责备，而要综合考量，找到其中积极部分为己所用。当别人回答你的问题时，要认真倾听，不催促，不打断，完整听取意见。当对方说完观点后，你若还有不理解之处，应向对方进一步讨教，然后再认真分析他的观点。寻求他人意见的过程中，切忌和对方争论。要时刻记住，你是来征求意见的，不是来改变他人看法的。最后，要表达对他人反馈的感激，鼓励对方给予自己更多有价值的反馈。

2. 与他人比较

子曰："见贤思齐焉，见不贤而内自省也。"看到贤者，要跟他学，见到不贤的人，要反省自己。应注意要以端正的态度与他人进行比较，发掘自己身上的优点和不足。切忌因自身的优点而骄傲自大，或者因自身的不足而感到自卑。

请同学们按照下面的方式，写下宿舍所有成员在宿舍人际交往过程中的长处与不足（长处用红笔写，不足用黑笔写），并进行自省。

即使是一件与自己无关的事情，看到参与者的优缺点、成功与失败，我们也可以进行自省，把自己代入参与者的角色，联系现实，思考怎样避免错误，怎样做得更好。同时，也可以请与此事无关的人一起进入角色，一同思考做同样的事情的方法和态度，这样的角色代入可以帮助我们实现觉察、学习、反思、成长的良性循环。

（三）巧用六顶思考帽

六顶思考帽是一种思维训练模式，或者说是一个全面思考问题的模型。运用六顶帽子思考法进行自省，可以使我们在自省时从多个角度看问题，帮助我们克服情绪干扰，理顺思路，摆脱习惯思维枷锁的束缚，以更高效的方式进行思考。

六顶思考帽的运用是灵活的，不同情况需要用到的帽子不一样，没有固定的步骤。下图是六顶思考帽的运用举例。

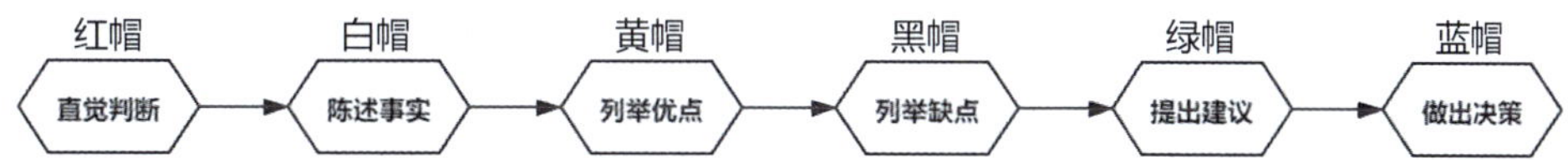

李欢入校之后就参加了主持人协会，经过努力，她争取到系部元旦晚会的主持机会，晚会结束后李欢对本次主持运用六顶思考帽进行自省，梳理本次的主持活动的表现情况。

问题 1：这次主持自我感觉如何？（红色帽子）

答：感觉还可以，感觉台下观众还是比较满意和认可的。

问题 2：可以举些例子来证明感觉是对的吗？试举出 3 个。（白色帽子）

答：第一，有两个朋友特意到化妆间来鼓励和表扬我，说我比以前表现更好；第二，我有好几次把台下观众都逗笑了，我看得出来他们是发自内心的；第三，结束时还有六七名不认识的同学过来跟我合照，说喜欢我的主持。

问题 3：这次主持对自己产生了怎样的积极影响？哪些地方表现得好？（黄色帽子）

答：这次主持锻炼和提高了我的语言组织能力、即兴演讲能力、控场能力、情绪控制能力。表现好的地方首先在于我设计的主持活动流程很流畅、很有系统性；其次，我采用的热场活动和破冰游戏拉近了与观众的距离，效果超出了我的意料；最后，我精心设计的开场白，起到了很好的效果，调动了现场的气氛和同学们的积极性。

问题 4：哪些地方欠妥当，需要改进？（黑色帽子）

答：我觉得自己的不足地方在于我的激情还不够，不够兴奋，没有达到巅峰状态。主持时连续做了 2 个破冰游戏，时间太长，占用了节目时间，时间管理不善。

问题 5：如何改进欠妥当的地方？有什么好方法？（绿色帽子）

答：首先，激情方面，我要学习自我激励的方法，再找一个学习的榜样。其次，时间管理方面，我不能自以为是，随意发挥，主持前需要演练一遍，在流程上把时间分配好。

问题 6：如果时光可以倒流，这个主持可以重来一次的话，如何能做得更好？（蓝色帽子）

答：我会事先多演练几遍，请主持人协会的同伴们过来观看，给我提供一些宝贵的意见，做充分的准备。

同学们，回顾一下你最近参加过的一次活动，运用六顶思考帽进行自省。

问题 1：（红色帽子）________________________

答：________________________________

____

问题 2：（白色帽子）________________________

答：________________________________

____

问题 3：（黄色帽子）________________________

答：________________________________

____

问题 4：（黑色帽子）________________________

答：________________________________

____

问题 5：（绿色帽子）________________________

答：____

____

问题 6：（蓝色帽子）____________________

答：____

____

三、活动体验

我们曾经给自己设立过许多目标，在努力实现目标的过程中曾遇过各种障碍与困难，尝试用不同的方法去解决，或者成功，或者失败。这都将是我们今后实现目标的宝贵经验，我们需要不断地进行自省，加以总结，下面我们一起来绘制自省地图吧。

（一）活动阶段

1. 给学生每人派发一张 A4 纸，让学生在纸上画路线、起点和目的地，以及一些可以添加的地理标志，如小河、小山、站点，等等。

2. 每位学生把自己过去一个月、半年、一年设立的目标写在目的地中，按照目标实现的阶段划分路线，在分点处加上站点的符号并注明此阶段目标。

3. 把小山、小河、山谷设定成前进中遇到的阻碍，思考是什么原因导致了障碍和困难，当时是如何克服的，有没有改进方法，加上符号并用文字注明。

4. 同时回想自己以前突破自我的成功经验，思考自己是通过什么办法去完成各个阶段的目标来实现最终目标的，加上符号并用文字注明。

（二）总结阶段

请把自己的路线计划图与同学们分享。

四、知识拓展

通过前面章节的学习，相信我们对自己有了更清晰的了解，请你记录下来吧。

我的自我反省

1. 自我认知

我最欣赏自己的地方是＿＿＿＿＿＿＿＿＿＿＿＿＿＿＿＿

我最不欣赏自己的地方是＿＿＿＿＿＿＿＿＿＿＿＿＿＿＿

2. 时间管理

我最满意自己的地方是＿＿＿＿＿＿＿＿＿＿＿＿＿＿＿＿

我最不满意自己的地方是＿＿＿＿＿＿＿＿＿＿＿＿＿＿＿

3. 计划管理

我最喜欢自己的地方是＿＿＿＿＿＿＿＿＿＿＿＿＿＿＿＿

我最不喜欢自己的地方是＿＿＿＿＿＿＿＿＿＿＿＿＿＿＿

4. 情绪管理

我最满意自己的地方是＿＿＿＿＿＿＿＿＿＿＿＿＿＿＿＿

我最不满意自己的地方是＿＿＿＿＿＿＿＿＿＿＿＿＿＿＿

5. 行为习惯

我最欣赏自己的地方是＿＿＿＿＿＿＿＿＿＿＿＿＿＿＿＿

我最不欣赏自己的地方是＿＿＿＿＿＿＿＿＿＿＿＿＿＿＿

6. 自律

我最认同自己的地方是＿＿＿＿＿＿＿＿＿＿＿＿＿＿＿＿

我最不认同自己的地方是＿＿＿＿＿＿＿＿＿＿＿＿＿＿＿

第二课　不断自我提升

学习目标

1. 建立在逆境中坚定信心，在挫折中把握机遇的意识。

2. 建立提高学习能力、沟通能力和团队协作能力，逐步完善自我意识并掌握基本方法。

3. 增强职业认同感，能及时调适心理状态，不断完善自我。

翻转课堂

本课导读

不断自我提升

- 在逆境中成就自我——第 147 页
  - 迎难而上，越战越勇
  - 积极面对，变害为利
  - 不变初心，方得始终
- 在成长中完善自我——第 149 页
  - 学生的自我完善
  - 职业人角色的自我完善

阅读案例，并回答问题。

尼克·胡哲，天生没有四肢，只在左侧臀部以下的位置有一个带着两个脚趾头的小“脚”。他梦想成为一名演讲家，他希望为别人演讲，用自身经历去引导别人走出迷茫，收获希望。可现实是，他被拒绝了52次。然而他没有放弃，所以他仍要继续。坚持，最终为他带来了成功。

尼克·胡哲的演讲足迹遍布世界许多国家和地区，在世界各大媒体电视节目中讲述他克服困难的故事，与无数人分享他的坚韧心智和成长经历。他用微笑积极面对生活，自如地和观众交流自己的经历，还戏称自己的脚是小鸡腿，在逗笑别人的同时，自己也很坦然地接受。靠仅有的一只脚，尼克可以写字、弹琴、骑马、滑滑板、踢足球、打高尔夫，样样皆能。在他看来只要不断学习，就没有办不成的事。他拥有两个大学学位，并担任国际公益组织的总裁。他激励每个人勇于面对人生中的困难和挫折并改变生活，即使实现目标的路上遇到挫折，也不要放弃，学会坚持，冷静思考，把所有的阻碍都变成机会，不断自我提升。

思考：

1. 在尼克·胡哲身上你看到了哪些优秀品质？

2. 尼克·胡哲的经历对你有什么启发？

一、在逆境中成就自我

人的一生就是自我提升、自我完善、自我实现的过程。这个过程并非一帆风顺：会面临众多困难与挫折；会被或如高山横亘，或如藤蔓纠缠的困难阻滞；会被痛苦和令人沮丧的挫折困扰。这种时刻容易产生放弃的念头。这就需要我们用定力、恒心和智慧去克服。在付出与坚持之后，人才会收获成长与进步，实现自我提升、自我完善、自我实现。

（一）迎难而上，越战越勇

艰难困苦，玉汝于成。真正的强者就像战士，逢山开路，遇水叠桥，哪怕暂时被困难击倒，也能爬起来再战，赢得最后的胜利。捕获一头猛虎，猎人的经验就会更加丰富；登上一座高峰，登山者的体魄就获得进一步锤炼；克服一个困难，我们的能力也会迈上更高的台阶。

我们在学习、工作和生活中都会遇到层出不穷的困难。在困难面前裹足不前，只会消磨我们的意志。孟子曰：“虽千万人吾往矣。”我们首先要具备迎难而上的果敢，其次要以战养战，在克服困难的过程中不断使自己变强，并从容面对前行路上的下一个困难。唯有如此，才能走完追寻目标的漫漫长途。

（二）积极面对，变害为利

陈育在校期间表现良好，成绩优秀，是学生会干部，备受老师们的肯定和同学们的欢迎，毕业后在一家环境评估公司工作。在一次外出看现场的任务中，因对方临时有事无法到来，他只好回公司完成其他工作任务。项目主管不了解情况，一看到他回到公司，以为他怠慢工作，就批评了他。他一气之下就辞职了。

陈育之前在校一直备受同学和老师的认可，学习和生活都比较顺利，没受过什么挫折。这次在工作中受到项目主管的误解和批评，感到委屈，遭受了打击。他受挫能力较弱，没能冷静处理误解，而是意气用事，放弃了工作。

思考：

1. 你认为陈育的做法妥当吗？为什么？

2. 如果是你遇到这样的挫折处境，你会怎么处理？

挫折对弱者来说是万丈深渊，对强者来说却是成功的阶梯。人生难免有挫折，挫折是普遍存在的。人们面对挫折的态度不同，将会导致结果不同。有的人无法承受挫折的打击，因此变得消极懈怠，但也有些人能够主动调整心态，坚持以积极心态去面对挫折，知难而进，寻找办法解决困难。重要的不是发生了什么事，而是你即将用什么态度来面对，用什么方法来改变。因此，我们要善于在挫折中发现自己的不足，并通过自我反省，做出调整，这样才能更快获得成功。

我们要善于在挫折中寻找机遇，化解困境。这样，挫折不但没有打倒我们，还给了我们一个机会去开发自身的“宝藏”，从而更好地应对未来。

当你感到挫败失落时，你可以进行积极的自我暗示：

一扇门关闭了，必定会有一扇窗打开。

我是独一无二的，我有很多优势。

我有能力改进。

我正在走向成功，即使我现在遇到了困难。

前方的路很难走，说明我在走上坡路，我在进步。

无论遇到什么挫折，我都会坦然面对，越挫越勇。

摔了跟头很痛，但也教会我走得更稳。

（三）不变初心，方得始终

"天将降大任于斯人也，必先苦其心志，劳其筋骨"。无论面对怎样的挫折，我们都要学会坦然面对，要把挫折看作宝贵的磨炼机会。面对挫折不要迷茫，要牢记我们初始的目标。目标已确定，经过思考是合理的，那就不要怀疑。一时的挫折只是前行道路上的一场风雨。风雨过后，迎接我们的必将是绚丽的彩虹。要在与挫折的斗争中获得勇气，增强韧性，激发动力。面对挫折坚持下去，我们曾经受过的伤，总有一天会成为我们的荣誉勋章。

如果没有司马迁行万里路，阅万卷书，一生如一日地搜集整理，笔耕不息，忍受着常人难以忍受的痛苦，哪里会有史学巨作《史记》的诞生？如果没有李时珍跋山涉水，尝遍百草，数十年如一日地整理修改，孜孜不倦地探讨，哪里会有药学宝典《本草纲目》的问世？

和你的同学说说，当你遇到挫折时，会用什么方式增加勇气坚持下去。

二、在成长中完善自我

（一）学生的自我完善

要成为技能人才，就要不断地在成长中自我完善，除了要加强专业知识与专业技能的学习，为职场人奠定扎实的专业知识与技能基础外，还要提升自身的通用职业素质，树立终身学习理念，提高学习效率，增强自身的社会适应性，加强沟通交流能力和团队精神，为从学生到职业人的转变做准备。

1. 提高学习能力

学习能力通俗地讲就是指获取知识，掌握技能，增长才干的本事。那么，如何提高学习能力呢？

首先，要善于阅读书本，多读书，读好书。书籍是人类进步的阶梯，书本上记载着人类丰富的历史经验，认真学习书本知识，可以使我们吸收各方面的经验，让我们少走弯路。在阅读书本的过程中，要能够准确理解阅读材料的内容，了解其内涵，把握其真谛、精髓、实质，这是提高学习能力的前提。

其次，要自觉地学习他人的经验。三人行必有我师，他山之石可以攻玉。要不断向他人学习，多和长辈、老师、同学等沟通交流，客观地看待他人和自己，善于从他人的经历中吸取经验和教训，从他人身上学习优点长处，同时用他人的缺点错误对照自己的问题并进行修正，加以总结，做出改变，获得成长与进步。

在生活中，我可以向（谁）________学习________________的行为（或者品质、态度等），从而不断完善自己。

在学习中，我可以向（谁）________学习________________的行为（或者品质、态度等），从而不断完善自己。

2. 提高沟通交流能力

在人际交往日益频繁的生活中，沟通是传递信息、交流思想、合作共事、增进感情、建立良好人际关系的基本方式，沟通不畅会导致人际隔阂，产生误会甚至造成冲突，因此，我们要有意识地提高自身的沟通交流能力，掌握有效的沟通技巧和良好的沟通方式，促使我们的人际关系融洽，促进相互学习，共同成长。

首先，有效思考是有效沟通的前提，思考的角度多元化一些，思考的内容客观一些，沟通就不容易出错。

其次，清楚地表达观点。在进行沟通的时候，注意语言有条理、重点要突出。这样做除了可以有效传达信息外，也能让对方感觉到你对沟通事宜的深思熟虑。

再次，仔细倾听对方。在对方说话时，注意他们的说话内容和语音语调，在必要时给予及时有效的反馈。这样做不仅能帮助我们正确理解对方要表达的意思，与此同时也能让对方感受到我们的尊重与关注。一个良好的聆听者能全面掌握对方的态度、对方对沟通事宜的看法，能迅速捕捉沟通中存在的问题。聆听者收集的信息可以提高沟通效率。

最后，运用好肢体语言。沟通时可眼睛看着对方，时不时点头回应一下，身体向前倾，表现出很感兴趣的样子。有研究表明，沟通交流时文字、语调、肢体动作等所产生的作用是不同的，文字占 7%，语调占 38%，肢体动作占 55%。

3. 增强团队意识、树立团队精神

人心齐，泰山移。我们也常说团结就是力量。团队精神是大局意识、协作精神和服务精神的集中体现，是一种积极向上、朝气蓬勃的精神面貌。人除了具有独立完成工作的能力外，更重要的是要有和他人共同完成工作的能力。所以在社会分工越来越细的今天，增强团队意识、树立团队精神是非常有必要的。

增强自己的团队精神，就要从思想的高度认识到团队的重要作用，树立起团队的意识，以自己是团队的一员为荣，维护集体的荣誉。从自身做起，心往一处想，劲往一处使，加强团队沟通，相互协作，不断增强团队的向心力、凝聚力。

我们可以从下图中认识到团队协作的雷区并学习穿越雷区的方法。

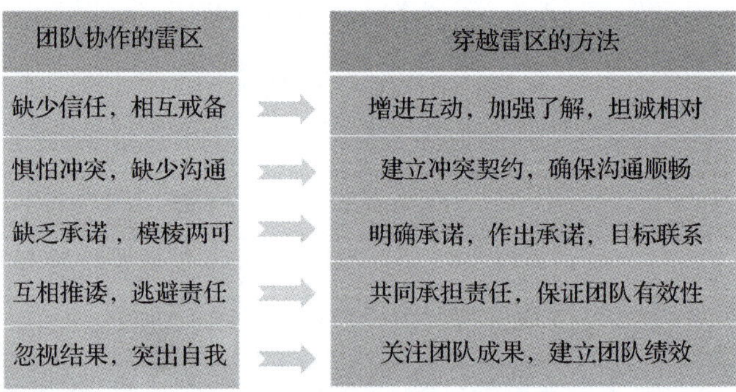

华为公司在接待客户时的表现很好地体现了团队精神。客户关系在华为被总结为“一五一工程”，即一支队伍、五个手段、一个资料库。其中，五个手段是参观公司、参观样板店、召开现场会、开展技术交流、开展管理和经营研究。在华为，对客户的服务是一个系统，几乎所有的部门都必须参与进来。有的负责接待客户，有的负责技术方案设计，有的负责关系拓展……一旦哪个环节有需要，马上就会有人前来增援。在这种团队精神的带动下，华为每次都能又快又好地完成一整套客户服务流程。这套高度协作的服务流程展现出来的客户接待水平令人赞叹。

（二）职业人角色的自我完善

从学生到职业人的角色转变是每个技校生的必经之路。在转变过程中，我们针对职场的人才需求，要加强自身专业能力、职业素质的培养，树立较高的职业认同感，学会自我心理调适，保持良好的职业态度和持久的职业热情。我们在校期间不仅要学知识、学做人，同时也要学会做一个“职业人”，提升自身的社会适应力及就业能力。

1. 提高职业素质

职业素质是劳动者对社会职业了解与适应的一种综合体现。适者生存，个人如果缺乏良好的职业素质，就很难在工作中立足，更谈不上取得突出的业绩。

我们不仅要学习专业知识，掌握职业技能，更要树立职业理想信念，建立职业意识，养成职业行为习惯，培养多方面的职业能力。

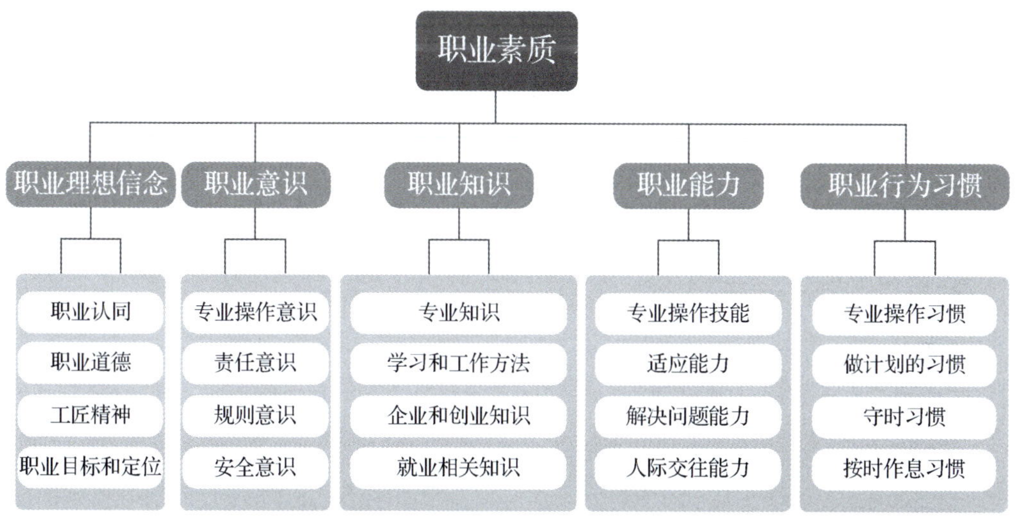

2. 培养职业认同感

职业认同感是指个体对所从事职业的目标、社会价值及其他因素的看法。职业认同感是个体努力做好本职工作，达成组织目标的心理基础，只有从内心认同所从事的职业，才能全身心投入工作，实现工作效率最大化，获得工作的成就感。因此，培养较高的职业认同感对我们具有重要意义。职业认同感包含以下四个标志：

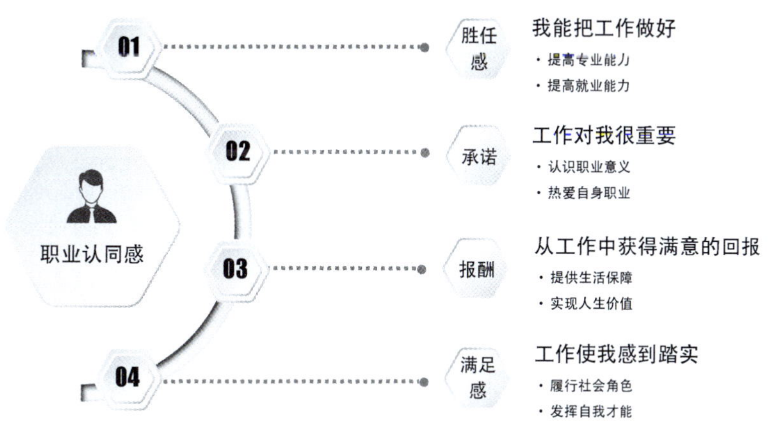

请同学们写下想要从事的职业或者与专业对口的职业，从职业认同感的四个标志去思考自身的职业认同感的培养。

1. 我想要从事的职业或者与专业对口的职业：________________

2. 我想要把该职业做好需要具备的专业能力：________________

3. 我想要把该职业做好需要具备的就业能力：________________

4. 我之所以选择该职业对我的意义在于：____________________

5. 该职业能让我获得的回报：______________________________

6. 该职业能发挥我的才能：________________________________

3. 学会自我心理调适

赵磊是新入职房地产销售部的应届毕业生。在工作中他觉得力不从心，很多看起来很简单的事情，他做起来却很吃力。他感觉跟顾客沟通不是很顺畅，许多顾客貌似不是很信任他，转头去咨询其他销售员。为此，他还跟同事发生过冲突，觉得是同事跟他争抢客源，同事们似乎也很不喜欢他。

除此之外，他发觉自己学的东西似乎不足以应对工作，他不禁对自己的能力和专业知识水平产生了很大的怀疑，渐渐地做事越来越没有自信，甚至害怕去上班，害怕领导交代他做事，每天的情绪都很低落，甚至想到了辞职。

思考：

1. 如果你是赵磊，面对这种困境，你会如何进行自我心理调适？

2. 赵磊的压力源自哪里？他应该怎么样缓解这种压力？

自我心理调适是根据自身发展及环境的需要对自己进行的心理控制和调节。

在从学生到职场人的社会角色转变中，我们可能会出现对工作不适应，工作压力增大，心态没有调整好等问题。此时，我们应该运用心理调适的方法化解不良情绪，提高应对能力，调节控制行为，指导工作和生活，提高工作效率，适应新角色。

（1）宣泄情绪。我们在职场中遇到挫折、困难的时候，难免会产生各种不良情绪，此时需要通过合理的方式进行宣泄，让自己得到释放。比如：去唱唱歌分散一下注意力；运动一下，让多巴胺带给你快乐；大哭一场让泪水带走你的压力等。

（2）改变认知。受挫时由于负面情绪的干扰，个体容易变得思维狭窄、固执、偏激，缺乏对行为后果的预见性。此时，要从积极的方面去想，努力从不利因素中找到有利因素，学会多角度看待一件事情，从而调动自己的积极性。

（3）应对压力源。我们可以按照以下四个步骤应对压力源。

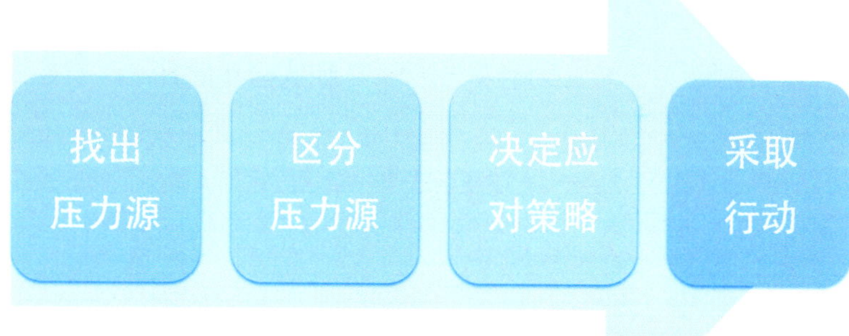

应对压力源，就要分析构成压力源的因素。从我们能对其产生的影响考虑，构成压力源的因素分为可改变因素和不可改变因素。从对生活、学习和工作的作用考虑，可将构成压力源的因素按高低优先级划分。例如，构成学生压力源的因素有成绩要求、学业负担、家庭关系、同学关系、师生关系、性格倾向、学校纪律等。成绩要求、学业负担、学校纪律等都属于不可改变因素，家庭关系、同学关系、师生关系、性格倾向等都属于可改变因素。一般来说，在重要考试前，成绩要求、学业负担应作为高优先级因素；日常活动中，同学关系、师生关系应作为高优先级因素。在具体情形下，我们可以根据自身条件，将压力因素填入下表，帮助自己分析原因，制定对策。

可控性 优先级	可改变因素	不可改变因素
高优先级		
低优先级		

三、活动体验

通过前面的学习，我们对自己有了更加清晰的了解，并且不断做出改变，努力提升自我，完善自我，请你把它写在下面的表格中。

我的自我提升

分类	学习前状态	学习后状态	做出了什么改变	今后将如何继续努力
自我认知				
时间管理				
计划管理				
情绪管理				
心态管理				
行为习惯				
自律				

四、知识拓展

自我心理调适的方法

自我心理调适就是要使外部刺激与心理认知实现协调一致，以避免内心矛盾冲突的激化所造成的心理困境。

1. 回避——转移注意力，尽可能躲开导致心理困境的外部刺激

在心理困境中，人的大脑里往往形成一个较强的兴奋灶。回避了相关的外部刺激，可以使这个兴奋灶让位给其他刺激引起的新的兴奋灶。兴奋中心转移了，也就摆脱了心理困境。

2. 转视——换个角度看问题，横看成岭侧成峰

并不是所有来自客观现实的外部刺激都可以回避或淡化，但是任何事物都有积极和消极的方面。我们可以尝试挖掘客观情境的积极意义，从而使消极情绪体验转化为积极情绪体验，走出心理困境。

3. 变通——变恶性刺激为良性刺激，酸葡萄与甜柠檬效应

人们在追求目标受阻时，或是用贬低目标来冲淡内心的欲望和焦虑，或是夸张强调自身已有的利益以减轻无法得到的失望与痛苦，这种心理叫酸葡萄和甜柠檬效应。在生活遇到不如意时，如果一味地自我否定，久而久之可能形成自卑，这时可以运用此效应化解：首先，要自我宽慰，以此来培养乐观的心态；其次，要根据情境降低目标，多从小事做起，积累成功体验。

4. 换脑——换一种认知解释事物，更新观念

在个体出现心理矛盾和冲突的时候，可以通过换脑法，用另一种角度思考，减少或消除心理认知与心理体验的矛盾冲突。

5. 升华——让积极的心理认知固着，把挫折变成财富

人的心理问题长期不能解决，往往与他们的消极心理固着有关。如何克服心理固着，有效的方法是进行心理位移，即选择一种新的、高层次的、积极的、利于他人和社会的心理认知固着代替旧有的心理认知固着，从而改变消极的心理状态，这就是心理升华法。

6. 补偿——改弦易辙不变初衷，失之东隅收之桑榆

人们难免会由于一些内在的缺陷或外在的障碍以及其他种种因素的影响，导致最佳目标动机受挫。这时可以采取种种方法来进行弥补，以减轻、消除心理上的困扰。这在心理学上称为补偿作用。补偿就是在目标实现受挫时，通过更替原来的行动目标，求得长远价值目标实现的一种心理调适方式。

7. 求实——切合实际调整目标

受挫时，我们会心理紧张或痛苦，避免或缓解这种状况的一个有效措施就是切合实际地及时调整实现目标的途径和方法。

我的日常反省

一、活动目标

1. 在活动中强化自我反省的意识。

2. 在体验中运用反省的方法，培养反省的习惯。

3. 反省曾经面对诱惑和挫折时的心理活动和行为，做出思考与改进，从而提升自我、完善自我。

二、活动步骤

1. 自问自答

请参考下面的例句进行自我提问，并把问答过程记录下来。

自我提问的例句：

我为何如此生气？

他的哪一句话最让我感到不舒服？为什么？

每次打好一肚子的腹稿，可说出口的话就寥寥几句，意味着什么？

每次我很有冲动上台表现自己，可脚却像有石头拖着，意味着什么？

…………

自我提问：

问：________________________________？

答：________________________________。

问：________________________________？

答：________________________________。

问：________________________________？

答：________________________________。

（可补充纸张继续问答）

2. 寻找他人的反馈

（1）找一个信任的朋友、亲人或者同学。这个人选的必备条件是你信任的且比较配合你的人。

（2）创造一个比较轻松舒适的氛围，问对方几个可以获得反馈的问题，帮助我们获得更多关于自己的信息，了解自己，分析自己，促进自我反省。

可供参考的问题：

① 请说出 2 个你喜欢我的地方和 2 个你不喜欢我的地方。

② 请指出我身上有哪些不好的地方是你觉得你观察到了，而我却不自知的？

③ 请你给我一个改进的建议。

（3）写下反馈心得。

反馈心得

____

____

____

____

____

三、活动延伸

我们在生活中难免会遇到或大或小的挫折，请你把它们记录在下表中，让我们更加清晰地认识挫折，学会在挫折中提升自我。

分类	我的挫折经历	当时的感受	当时的处理方法	改进方法
自我认知				
时间管理				
计划管理				
情绪管理				
心态管理				
行为习惯				
自律